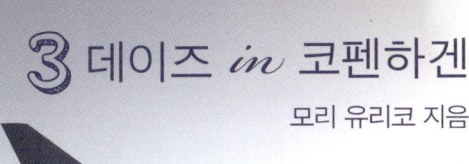

3 데이즈 *in* 코펜하겐

모리 유리코 지음

3 DAYS in Copenhagen

목차 Contents

- 4 프롤로그
- 6 덴마크는 어떤 나라일까? / 코펜하겐은 이런 도시
- 12 여행을 떠나기 전에
- 14 전철과 버스를 타보자
- 16 기초 덴마크어

DAY 1
북유럽의 디자인과 맛있는 음식을 즐기는 여행

- 18 맛있는 아침을 먹으러 가자
- 20 북유럽 조명 디자인 견학하기
- 22 북유럽 디자인 둘러보기
- 26 수상 버스를 타고 운하에서 건축물 견학
- 28 도중에 하선해서 뉴하운으로
- 30 북유럽 건축 엿보기
- 32 세계 최고 수준의 커피 마시기
- 36 슈퍼마켓에서 굿 디자인 물색하기
- 38 북유럽에서 최근 가장 핫한 맛집 탐방
- 42 오늘의 루트 MAP

DAY 2

북유럽 생활 엿보기

- 48 현지인이 주목하는 거리 걷기
- 52 북유럽 빈티지 산책
- 56 독특한 미술관 방문하기
- 58 북유럽의 대표 간식 핫도그 먹기
- 60 도서관에서 쉬어가기
- 62 시장에서 북유럽 식재료 견학&쇼핑
- 66 크래프트 맥주 비교하며 마시기
- 68 오늘의 루트 MAP

Column

- 24 북유럽 디자인과 덴마크
- 34 코펜하겐 커피 이야기
- 40 최신 북유럽 요리 이야기
- 44 등불의 나라 덴마크
- 46 국기 사랑 왕관 사랑 ♡ 사랑
- 54 북유럽 덴마크의 빈티지
- 70 자전거 마을, 코펜하겐
- 72 전철로 이동하기
- 98 덴마크를 그리는 일러스트레이터
- 100 덴마크를 더 깊게 알 수 있는 키워드
- 111 코펜하겐과 JAZZ
- 114 집에서 보내는 크리스마스

북유럽 전통 체험 — DAY 3

- 74 오리지널 데니쉬 먹기
- 76 벼룩시장에서 특별한 빈티지 찾기
- 78 로얄 코펜하겐 본점 방문
- 80 북유럽에서 탄생한 장난감, 레고블록의 매력 재발견
- 82 오픈샌드 먹기
- 84 아기자기한 거리 산책
- 86 유서 깊은 술집 견학
- 88 유서 깊은 백화점에서 북유럽풍 선물 찾기
- 90 전통요리 맛보기
- 94 티볼리공원에서 밤 산책
- 96 오늘의 루트 MAP

조금 먼 곳까지 가보거나 계절의 즐거움 더하기 — 번외편

- 102 스웨덴에 가보자
- 106 유일무이한 지역 크리스티아니아로
- 108 환상적인 아이스크림을 맛보자
- 110 여름의 북유럽 재즈 페스티벌 참가하기
- 112 북유럽의 크리스마스 체험하기
- 116 공항에서 찾은 북유럽
- 118 추천 항공사 및 호텔
- 120 코펜하겐 현지인 추천 스폿

- 124 코펜하겐 MAP
- 126 말뫼 MAP

3 Days in Copenhagen

프롤로그

이 책은 북유럽 디자인과 귀여운 잡화, 맛있는 음식을 좋아하며, 여행 시 그 나라만의 생활과 문화를 체험하는 것을 즐거워하는 사람에게 여행 일정을 추천한다는 생각으로 썼습니다.

코펜하겐에 흥미는 있지만 실제로 가려고 생각하면 "너무 멀다."며 주저하는 사람도 적지 않은 듯합니다.

하지만 생각하는 것만큼 코펜하겐은 멀지 않습니다. 한국에서 코펜하겐으로 가는 직항은 없으나 헬싱키를 경유해 갈 경우 비행시간은 약 10시간 반 정도. 코펜하겐 공항은 시내까지 전철로 겨우 15분밖에 걸리지 않아 생각보다 어렵지 않게 방문할 수 있습니다.

"짧은 시간 동안 얼마나 북유럽다운 체험을 할 수 있는가."
목·금·토요일 3일을 여행한다고 가정하여 주중과 주말 모두 즐길 수 있도록 지금까지 도보여행을 하며 쌓아온 경험을 이 책에 꽉 채워봤습니다.

스케줄은 여유롭게 짜여 있지만 처음으로 현지에서 대중교통을 이용하는 것은 상당히 힘든 일이고 여행을 하다 보면 예상대로 움직이지 못하는 일도 생기는 법.

시간이 모자란다면 적당히 생략하고 시간이 남는다면 그 외 들 를만한 스폿도 소개하고 있으니 이곳저곳 조합해서 자신만의 스타일로 즐겨주시면 감사하겠습니다.

이 책을 읽고 난 후 코펜하겐 여행이 한층 가깝게 느껴졌으면 하는 바람입니다.

모리 유리코

세계에서 가장 행복한 나라!

미국 컬럼비아대학 지구연구소의 '2013 세계행복보고서'에서 1위를 차지. 이 외에도 OECD와 대학 행복도 조사에서 수차례 1위에 올랐다.

세계에서 가장 일과 삶의 균형이 좋은 나라
(2011년 OECD 경제협력개발기구)

세금은 높지만 고복지 사회. 의료비와 교육비는 원칙적으로 무료이며 노후 걱정도 없다. 또한, 출산 비용이 들지 않으며 충분한 보육시설이 갖춰져 있어 육아에도 부담이 적다.

덴마크는 어떤 나라일까?

덴마크어로 단마르크. 유틀란트 반도와 셸란 섬, 핀 섬 등 크고 작은 섬들로 구성되어 있으며 그린란드와 페로 제도 또한 덴마크 자치령이다. 인구는 약 560만 명(2013년 현재). 국토 면적은 약 4만 3000㎢. 붉은 배경에 하얀 십자가 그려진 국기는 단네브로그(Dannebrog)라 불리며 국민에게 사랑받고 있다.

동화작가 안데르센의 고향이기도 하며 북유럽 디자인의 거장을 다수 배출했다. 북유럽에서 유일하게 유럽대륙과 땅이 이어져 있으며 국경을 접하고 있는 독일과는 언어와 문화에서 비슷한 점을 보인다. 1989년 세계 최초로 동성 간 시민 결합을 법적으로 보장. 이후 동성혼도 인정했다.

세계에서 가장 자전거 타기 좋은 도시
(2010년 디스커버리지)

세계에서 가장 안전한 도시 2위
(2010년 트립 아틀라스)

코펜하겐은 이런 도시

'상인의 항구'를 의미하는 수도 코펜하겐. 덴마크 동부의 셸란 섬에 위치한 북유럽 제일의 관광도시

세계의 베스트 지하철
(2010년 메트로레일)

세계의 꼭 방문해야 하는 장소 5위
(뉴욕타임스)

가족과 함께 가고 싶은 장소 7위
(2011년 론리플래닛)

세계의 베스트시티 100에서 TOP10에 진입
(뉴스위크)

퀄리티 오브 라이프 3위
(2012년 모노클지)

민주주의의
질이 높은 나라 랭킹

1위

2011년
취리히대학
베를린사회과학연구센터

세계에서 가장
평화로운 나라 랭킹

2위

2012년, 2013년
글로벌피스 인덱스

1인당
커피 소비량

3위

2012년
ICO 국제커피기관

엄마들이
살기 좋은 나라 랭킹

6위

2013년
세이브더칠드런

1인당
와인 소비량

7위

2009년
포도와인 국제기구

초콜릿 소비량

8위

2012년
레저헤드 푸드리서치

Finland

Norway

Sweden

유럽에서
가장 믿음 가는 공항

1위

코펜하겐 카스트루프 공항

2010~2012년
플라이트스탯츠사

Denmark
Danmark (DK)

3 Days in Copenhagen | 7

코펜하겐에서 가장 활기찬 거리 스트로이에. 오래된 상점과 백화점이 즐비하며 항상 사람으로 북적인다.

유원지 중 세계에서 두 번째로 오랜 역사를 자랑하는 티볼리. 하절기와 할로윈, 크리스마스에만 한정적으로 오픈하며 전 세계 관광객들이 방문한다.

아담한 카페와 상점이 줄지어 선 예어스보겔 거리. 커피에서 문화까지 최신 코펜하겐과 만날 수 있는 곳이다.

여행을 떠나기 전에

어느 계절이 좋을까?

코펜하겐 관광은 해가 길고 기후가 산뜻한 여름이 가장 인기이다. 그러나 코펜하겐의 상점, 특히 앤티크숍 등 개인이 운영하는 상점은 여름에 장기휴업을 하는 곳이 많다. 야외 벼룩시장은 주로 여름에 개최되며 11월 말~12월은 크리스마스마켓의 계절. 티볼리 공원(P.94)은 하절기와 할로윈, 겨울은 크리스마스 시기에만 오픈하는 등 계절에 따라 색다른 매력이 있다.

요일 선택도 중요

코펜하겐의 상점과 레스토랑은 주말에 영업시간이 짧고 휴업하는 곳도 많다. 한편 벼룩시장은 주로 주말에 집중되어 있다. 단기 체류하는 경우, 주말을 포함할지가 여행 일정에 큰 영향을 준다.

영업시간을 재확인

계절에 따라 영업시간이 바뀌는 가게도 있다. 가게 홈페이지 등에서 최신 정보를 꼭 확인해볼 것.

언어

공용어는 덴마크어. 코펜하겐 시내에서는 대부분 영어가 통한다. 영어 메뉴가 갖춰져 있는 레스토랑도 종종 있다.

돈

덴마크의 통화는 덴마크 크로네(DKK). 1DKK=약 168원. 서비스료와 택시요금에는 원칙적으로 팁이 포함되어 있다. 시내에서 식사와 쇼핑, 호텔 등을 할 때는 신용카드가 편리하지만 덴마크 국외 신용카드는 수수료가 부과되는 경우도 있다.

교통

코펜하겐은 도보 여행도 가능하지만, 전철과 메트로, 시내 곳곳을 누비는 버스를 이용하면 행동범위가 대폭 늘어난다. 택시를 이용할 경우, 호텔 혹은 레스토랑 등에 부탁하는 걸 추천한다. 거의 모든 택시에서 신용카드 사용이 가능하다.

✈ 공항에서 코펜하겐 시내까지

카스트루프 공항은 코펜하겐 시내에서 약 8km 정도 떨어진 아마게르 섬에 있다. 코펜하겐 중앙역까지는 근교 전철 에스토그(S-tog)로 약 15분. 지하철도 편리하다. SAS의 공항버스 외에 시내버스 5A도 공항과 시내를 연결한다. 택시는 약 250DKK, 소요 시간은 20분 정도.

memo

공항에서 전철과 지하철로 이동할 경우 도착 로비를 나오면 바로 탑승권 판매기가 있으므로 티켓을 사둘 것. 홈에는 판매기가 없다. 공항에서 시내까지는 3존으로 35DKK. 홈에 있는 각인기에서 타각한 후 탑승한다.

※중앙역에 정차하지 않는 에스토그도 있으므로 주의.

이 책에서 소개하는 정보는 2013년 10월 정보입니다.

3 Days in Copenhagen

전철과 버스를 타보자

코펜하겐은 대중교통인 전철과 버스가 매우 잘 갖추어져 있다. 에스토그(S-tog)라 불리는 근교 전철과 지하철, 버스는 모두 공통승차권으로 이용할 수 있다. 공통승차권은 존(zone) 제도로 구분되며 코펜하겐 시내 이동은 대부분 2존 티켓으로 가능하다. 제한시간 내(2존은 1시간 이내)라면 환승도 가능하다.

추천 승차권

시내를 걷는다면 회수권 또는 시티 버스를 추천한다. 이 외에도 존마다 7일간 유효한 플렉스 카드와 모든 존을 이용할 수 있는 24시간권, 대중교통과 미술관을 무료로 이용할 수 있는 코펜하겐카드 등이 있다. 회수권과 시티 버스는 에스토그와 지하철역, 세븐일레븐 등의 키오스크에서 구입할 수 있다. 싱글 티켓은 버스 안에서도 구입 가능하다.

2존 회수권

싱글 티켓 Single Ticket	2존 24DKK
회수권 Klippekort(10 clips)	10매씩(2존용) 150DKK
시티 패스 City Pass	24시간 750DKK 72시간 190DKK 존 맵에 1~4로 표시되어 있는 구역에서 환승 자유

7세 미만은 무료, 12세 미만은 반액

memo

코펜하겐에 사는 사람도 까다롭고 어렵게 생각하는 존 제도. 창구가 있는 경우에는 행선지를 말해 확인하고 구매하는 편이 안전하다. 공항과 중앙역 등은 자동판매기 옆에 직원이 있어 구입을 도와주는 경우도 있다.

각인기에 대해

코펜하겐의 역은 한국 같은 개찰 시스템이 아니고 승차 시 승객이 직접 역 안에 있는 각인기에서 타각을 해야 하는 시스템이다. 시티 패스도 사용을 개시할 때 타각을 해야 한다. 부정승차는 물론 깜빡해서 타각을 잊은 경우에도 높은 벌금이 부과되므로 주의가 필요하다. 버스는 차 안에 각인기가 있다.

자세한 정보는 http://www.moviatrafik.dk

버스를 탈 때

버스정류장에는 정차하는 버스의 번호가 표시되는데 다음 버스가 오기까지 걸리는 시간이 표시되는 경우도 있다. 차내 안내방송은 없지만 최근 버스에는 다음 버스정류장을 표시하는 화면이 있다. 버스의 문 옆은 유모차 혹은 노약자를 위한 자리이므로 주의한다.

먼저 버스와 전철 루트가 기재된 지도를 구하자. 지도는 관광안내소와 지하철역, 버스 안에 놓여 있다.

3 Days in Copenhagen | 15

기초 덴마크어

코펜하겐 시내에서는 기본적으로 영어가 통한다. 하지만 기본 인사 표현이나 '감사합니다.', '맛있어요.' 정도의 덴마크어만 알아둬도 현지인과 더욱 즐겁게 소통할 수 있을 것이다.

기본 표현

TAK 탁
감사합니다

HEJ 하이
안녕하세요

MANGE TAK 망게탁
정말 감사합니다

JA 야
네

HEJHEJ 하이하이
바이바이

UNDSKYLD 온스쿨
죄송합니다
타인에게 무언가 질문할 때에도 사용한다

NEJ 나이
아니오

VI SES 비 시에스
또 봐요

JEG BEKLAGER 야 베크라게아
미안합니다

식탁에서

SKÅL 스콜
건배

LÆKKERT 레커투
맛있어요

TAK FOR MAD 탁 포 매드
잘 먹겠습니다

가게와 미술관 등에서

INDGANG 입구
UDGANG 출구
GRATIS 무료
UDSALG 세일

화장실 문에 쓰여 있는 문구

HERRER 남성
DAMER 여성

크리스마스 및 새해 인사

GODT NYTÅR 곧 니토
새해 복 많이 받으세요(HAPPY NEW YEAR)

GOD JUL 구 율
메리 크리스마스

'새해 복 많이 받으세요', '즐거운 크리스마스 되세요'라는 의미로도 사용하며 크리스마스 전과 연말에는 이 말을 이곳저곳에서 사용하는 걸 들을 수 있다.

생일 및 기념일에

TILLYKKE 틸류케
축하합니다

JEG KAN GODT LI' DANMARK
야 칸 고투리 단마크
저는 덴마크를 정말 좋아합니다.

DAY 1

북유럽의 디자인과
맛있는 음식을 즐기는 여행

8:30

맛있는 아침을 먹으러 가자

소요 시간 1시간

첫째 날 아침은 특별한 아침 식사로 시작한다. 코펜하겐에서 가장 번화한 거리 스트로이에 위치한 유럽1989는 바리스타 세계 챔피언을 세 명이나 배출한 커피의 성지. 맛있는 조식과 브런치로도 유명하다. 전통의 맛을 스타일리시하게 연출한 식탁과 맛있는 커피로 북유럽 여행을 시작해보자.

① 조식은 여러 종류 중 선택 가능. 사진은 유럽1989의 맞은 편에 위치한 광장의 이름 'AMAGERTORV'에서 딴 조식 플레이트다. ② 인기 메뉴인 에그베네딕트. 포치드에그에 듬뿍 올라간 홀란다이즈 소스가 맛있다. ③ 커피는 유럽1989 대표 메뉴 중 하나. 북유럽 커피의 높은 품격을 실감할 수 있다.

TRY IT!

덴마크에서 사랑받고 있는 그릭 요거트. 이 가게에서는 24년 전부터 판매하고 있는 간판 메뉴이다. 아이슬란드의 발효유 기술에 천연 벌꿀과 베리를 조합하였다.

memo

요거트와 미니 페이스트리 등 단품으로 추가 가능. 인기메뉴인 브런치는 이른 아침부터 오후 3시까지 이용할 수 있다. 런치를 이용한다면 오픈샌드도 추천한다.

Map ▶ P.43

유럽
Europa 1989

📍 AMAGERTORV 1
📞 +45 33 14 28 89
🕐 월~목 7:45-23:00 금 7:45-1:00
　　토 7:45-24:00 일 9:00-22:00
🔗 http://europa1989.dk

3 Days in Copenhagen | 19

10:00

북유럽의 조명 디자인 견학하기

소요 시간 30분~

①

① 롱셀러 PH5는 2008년에 50주년 기념 모델이 발표되었으며 2013년에도 새로운 컬러로 등장하였다. PH란 폴 헤닝센의 앞글자를 딴 것. ② 마찬가지로 헤닝센이 만든 PH아티초크, 아래쪽 스탠드는 아르네 야콥센이 디자인한 AJ시리즈.

②

코펜하겐 거리에서 종종 눈에 들어오는 아름다운 조명들. 그 빛을 만들어내는 기업 중 한 곳인 루이스 폴센사의 조명을 본사 쇼룸에서 찬찬히 견학해 보자. 시대를 초월해 사랑받는 명작에서 최신 조명 스타일까지 조명의 나라에서만 만날 수 있는 아름다운 세계가 펼쳐진다.

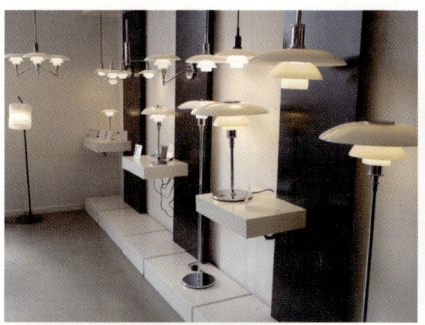

DAY 1

폴 헤닝센이 쌓아 올린 아름다운 조명의 세계로

전 세계에서 사랑받는 PH시리즈를 필두로 여러 명작을 탄생시킨 조명 디자인의 선구자, 폴 헤닝센. 눈부시지 않은 최적의 밝기를 연출하며 조명을 켜지 않았을 때도 아름다운 헤닝센의 디자인은 조명의 완성형이라고도 불리며 그의 영향을 받지 않은 조명 디자이너는 없다고 전해질 정도. 1920년대부터 1967년에 사망하기까지 루이스 폴센사와 함께 작업하며 세계 굴지의 조명 메이커로 이끌었다.

memo
사전에 예약을 하면 쇼룸도 안내해준다.

왕년의 명작뿐만 아니라 현대 디자이너의 작품도 존재감을 내뿜는 쇼룸. 북유럽 조명의 현재를 알 수 있다.

루이스 폴센 쇼룸
Louis Poulsen Showroom

Map ▶P.43

- Gammel Strand 28
- +45 33 29 86 70/71
- 월~목 8:00-16:00 금 8:00-15:30
- http://www.louispoulsen.com

3 Days in Copenhagen

11:00 🕚 북유럽 디자인 둘러보기

소요 시간 2시간~

Design Museum

세계적으로 이름을 떨친 디자이너를 다수 배출하고 북유럽 디자인 업계에서도 높은 위치를 차지하고 있는 덴마크. 디자인뮤지엄 덴마크에는 덴마크의 공업 디자인을 중심으로 20세기를 대표하는 디자인을 한데 서 만나볼 수 있다. 북유럽 디자인이란 어떤 것인가? 그 원점을 알고 이해하기에 최적의 장소이다.

shop info   Map ▶ P.43

디자인뮤지엄 덴마크
Designmuseum Danmark

- Bredgade 68
- +45 33 18 56 56
- 화~일 11:00-17:00 수 11:00-21:00
- http://designmuseum.dk

DAY 1

memo
리뉴얼한 카페에서는 오픈샌드부터 북유럽 가정식까지 다양한 음식을 맛볼 수 있다. 카페만 이용하는 것도 가능하다. 잔디가 아름다운 안뜰도 추천. 상설전뿐만 아니라 특별전도 종종 개최하는데 지금까지 마리메꼬와 카이 프랭크 특집 등 흥미로운 전시를 개최하였다.

관내에 루이스 폴센사의 조명이 이곳저곳에 설치되어 있다. 건물 설계는 근대 가구 디자인의 아버지 코어 클린트가 맡았다. 클린트라 이름 붙여진 카페에는 베그너의 의자도 보인다. 북유럽 디자인에 가까워질 수 있는 것도 이곳만의 매력이다.

3 Days in Copenhagen

Column

북유럽 디자인과 덴마크

오늘날 우리가 북유럽 디자인이라 부르고 있는 대부분은 1950년대 전후를 포함하는 미드센추리 시대에 태어난 것이다. 북유럽 각국에서 앞다투어 뛰어난 디자인이 탄생하는 가운데 훗날 거장이라 불리게 되는 디자이너를 다수 배출한 곳이 바로 덴마크다. 건축가이자 디자이너인 아르네 야콥센을 필두로 명작 의자 한스 J. 웨그너의 핀 율, 목제 완구와 왕실이 즐겨 쓰는 커틀러리로 알려진 카이 보예센, 근미래 디자인 베르너 팬톤, 근대 조명의 아버지 폴 헤닝센 등 셀 수 없이 많다.

Nordic Design

덴마크 출신 디자이너들 — Denmark Designers

아르네 야콥센
북유럽 디자인을 대표하는 얼굴. 건축가이기도 하며 가구와 조명도 디자인한다. 대표작은 앤트 체어, 세븐 체어, 스완 체어 등

한스 J. 웨그너
북유럽 명작 의자 하면 가장 먼저 떠오르는 사람. 가구 제작자로서의 경력도 갖고 있다. 1950년에 발표한 Y 체어는 세계에서 가장 많이 팔린 의자 중 하나이다.

핀 율
'세계에서 가장 아름다운 팔걸이'라 칭해지는 이지 체어 45번 외에 조각을 연상시키는 아름다운 의자를 탄생시켰다.

난나 딛젤
야콥센 등과 함께 북유럽 디자인의 황금기를 이끈 여성 디자이너. 대표작은 트리니다드 체어.

베르너 팬톤
근미래 디자인의 선구자. 세계 최초 플라스틱 일체형 성형 의자 팬톤 체어를 만들었다.

보르게 모겐센
실용적이며 아름다운 가구 디자인으로 알려져 있다. 셰이커 가구를 리디자인한 J39 체어가 유명.

폴 캐야홀름
당시 북유럽 디자이너들이 선호했던 목재보다 금속을 적극적으로 사용했다. 미니멀리스틱한 디자인이 특징.

카레 클린트
왕립예술아카데미 교수로서 많은 디자이너에게 영향을 끼쳤다. 인체공학적으로 접근한 근대 가구디자인의 아버지.

카이 보예센
목제완구 '몽키'는 1951년에 발표한 이래 지금까지 사랑받고 있는 롱셀러. 은제품 메이커 조지 젠슨에서 디자이너로 일하고 있다.

폴 헤닝센
루이스 폴센사를 대표하는 디자이너이자 걸작 PH시리즈를 세상에 내보인 근대 조명 디자인의 거장.

덴마크에서 공업 디자인이 꽃을 피울 수 있었던 것은 왕립예술아카데미의 존재와 뛰어난 장인정신에 의한 영향이 크다. 북유럽 디자인으로 뭉뚱그려 이야기되기 쉽지만 덴마크에는 덴마크만의 강점이 있다.

북유럽 디자인의 매력은 생활에 뿌리를 내리고 있다는 점. 의자도 가구도 식기도 건축도 모두 관상용이 아니라 사용되기 위해 디자인되어 있다. 마을 언저리에 있는 카페와 레스토랑, 광장과 공공시설 등 코펜하겐의 거리를 걷다 보면 북유럽 디자인의 걸작과 만날 수 있다. 덴마크에 온 만큼 뛰어난 디자인 제품의 사용감과 일상에서 사용되는 모습을 직접 확인해 보자.

「나의 작품은 예술작품이 아닙니다. 일용공예품입니다. 그러니까 손으로 만져주세요. 앉아주세요. 그리고 눈으로 잘 봐 주세요.」
한스 J. 웨그너

북유럽 디자인을 만날 수 있는 장소 *Design Spot*

오드럽가알드 미술관
신관에 있는 카페에는 핀 율의 펠리컨 체어가 있다. 미술관 부지 안에는 핀 율의 자택이 이축되어 있다.

벨뷰 지구
야콥센이 도시 계획에 참여한 코펜하겐 교외에 있는 해변 마을. 야콥센의 건축과 디자인을 깊게 맛보고 싶다면 이곳을 반드시 방문할 것.

카스트루프 공항
야콥센과 폴 캐야홀름의 의자, 폴 헤닝센과 베르너 팬톤의 조명이 이곳저곳에.

극장 서커스
코펜하겐 중앙역에서 나와서 바로. 연일 디너쇼가 개최되는 극장 서커스의 내부는 베르너 팬톤이 맡았다.

통신박물관의 카페
난나 딛젤의 대표작, 트리니다드 체어가 놓여있는 카페는 경치도 매우 뛰어나다.

13:30

수상 버스를 타고 운하에서 건축물 견학

소요 시간 20분~   Map ▶ P.43

코펜하겐은 운하의 도시이다. 운하를 따라 아름다운 건축물들이 늘어서 있으며 관광 보트가 아닌 지역민들의 발이 되어주고 있는 수상버스를 타고 이 광경을 즐길 수 있다. 시크한 매력의 현대건축부터 코펜하겐을 대표하는 뉴하운의 모습, 왕실의 거처인 궁전까지. 운하에서 올려다본 모습은 한층 더 아름답다.

인기 관광지 뉴하운과 크리스찬하운에도 정차한다. 수상버스를 이용하면 도중에 하선해 마음에 드는 건축물을 견학하거나 가볍게 산책을 할 수도 있다.

memo
수상버스는 평일은 30분에 한 대 정도. 주말은 더 적게 운영한다. Nordre Tolbod에서 출발하는 991번은 평일 낮일 경우 매시 10분과 40분에 출발한다.

아말리엔보 궁전

덴마크는 왕립 국가로 덴마크 왕실이 생활하고 있는 곳이 바로 이곳이다. 여왕이 궁전에 있을 시에는 깃발이 올라가 있다. 거리에서 보던 모습과는 또 다른 인상을 풍긴다.

왕립 오페라 하우스

코펜하겐의 모던 건축을 대표하는 건물 중 하나로 2004년에 완공됐다. 둥근 형태가 인상적이며 운하를 끼고 선 각진 시어터 하우스와의 대조가 흥미롭다.

왕립 시어터 하우스

오페라 하우스의 맞은편 해안가에 위치한 시어터 하우스는 2008년에 지어졌다. 건물을 둘러싸듯 물 위에 만들어진 길을 걷는 것도 운치 있다.

왕립 도서관

통칭 블랙다이아몬드로 불리는 신관은 1999년에 완공. 검고 매끄러운 외벽에 비친 수면의 모습이 마치 반짝이는 보석 같다. 운하 쪽으로 돌출된 건물 전체를 보기에는 운하 위가 최적의 장소.

991번은 남하, 992번은 북상한다. 992번은 Nordre Toldbod에서 배를 돌리기도 한다. 이때 수상버스에 표시된 번호가 바뀌니 확인할 것.

도중에 하선해서 뉴하운으로

소요 시간 30분~ Map ▶ P.43

새로운 항을 의미하는 뉴하운은 북유럽에서 가장 오래된 인공 항이다. 콩겐스 뉘토브 광장으로 이어지는 운하 길은 법률로 정해진 건축 보존 지역으로 건축 당시의 외관을 유지하고 있다. 안데르센이 좋아한 장소로도 알려졌으며 형형색색 건물이 나란히 서 있는 광경이 마치 그림 같다. 지금은 레스토랑이 줄지어 선 코펜하겐에서 제일 가는 관광명소이며 많은 사람으로 항상 붐비는 곳이다.

memo

수상버스는 평일 낮은 30분 간격으로 운항. 다음 수상버스가 올 때까지 주변을 산책하면 시간의 낭비를 막을 수 있다.

① 1800년대에 세워진 창고를 개조한 호텔. ② 정박해 있는 배가 사실은 레스토랑인 경우도 있다. ③ 남부 다이버 같은 풍모의 잠수부 동상. 닻과 파도 마크가 항구마을답다.

3 Days in Copenhagen

14:30

북유럽 건축 엿보기

소요 시간 30분~

코펜하겐을 대표하는 현대 건축물

덴마크 왕립 도서관의 신관으로 블랙다이아몬드(Den Sorte Diamant)라는 이름으로도 유명하다. 검은 화강암을 사용한 모던한 건물은 오래된 마을 풍경 가운데서 특히 눈에 띄는 존재다.

덴마크의 디자인 그룹 슈미트 해머 라센에 의한 설계. 레스토랑과 콘서트홀이 위치한 신관에서 1906년에 지어진 고풍스러운 구관으로 이어진다. 매주 토요일에 관내 투어를 진행한다. ① 구관에서 공부하는 학생들. ② 가벼운 식사를 즐길 수 있는 카페. 운하를 보면서 짧은 휴식을 취하자.

shop info   Map ▶P.43

왕립 도서관
Det Kongelige Bibliotek

- Søren Kierkegaards Plads 1
- 월~토 8:00~21:00(하절기는 19:00까지)
  레스토랑과 카페의 영업시간은 각기 다름.
- http://www.kb.dk/en/dia/

DAY 1

북유럽 디자인의 명작이 태어난 장소

거장 아르네 야콥센이 건물에서 가구, 조명, 커틀러리에 이르기까지 디자인한 로열 호텔. 스위트룸 606호실은 당시 그대로 보존되어 있다. 라운지에서는 야콥센이 로열 호텔을 위해 디자인한 '에그 체어', '스완 체어'의 모습을 볼 수 있다. 상층에는 야콥센을 콘셉트로 한 레스토랑 'Alberto K'도.

shop info　　Map ▶ P.42

래디슨 블루 로열 호텔
(구 SAS 로열 호텔)

Radisson Blu Royal Hotel

 Hammerichsgade 1
 +45 33 42 60 00
　http://www.radissonblu.com/
　royalhotel-copenhagen/

3 Days in Copenhagen | 31

16:30 세계 최고 수준의 커피 마시기
소요 시간 30분

커피는 북유럽의 생활에 없어서는 안 될 존재로 최근 맛과 품질 향상에 힘쓴 '맛있는 커피' 붐이 북유럽을 휩쓸고 있다. 바리스타 세계 챔피언을 무려 4명이나 배출하고 전 세계의 커피마니아가 찾는 코펜하겐에서 세계 제일의 커피를 맛보자.

LOVE IT!

에스테이트 커피
Estate Coffee

덴마크의 톱 셰프, 클라우스 마이아가 운영하는 카페. 양질의 커피 생두를 농원에서 직접 구매하며 원두의 깊은 맛을 끌어올리는 로스팅과 바리스타의 기술로 맛있는 커피 한 잔을 만들어낸다. 초콜릿과 빵 등 사이드 메뉴도 잘 갖춰져 있다.

shop info Map ▶ P.42

- Gammel Kongevej 1
- +45 33 18 56 56
- 월~금 7:30~18:00 토·일 10:00~18:00
- http://chokoladecom.com/estate-kaffebar

북유럽 커피의 특징은?
예로부터 시나몬 로스팅 커피를 선호해온 북유럽. 근래에는 좋은 원두의 맛을 살리는 시나몬 로스팅 기술이 발달해 산뜻한 산미, 과일향이 감돌며 주스와 같은 맛 등 지금까지의 블랙커피와는 다른 세계를 펼치고 있다.

① 가게 내부에는 바리스타 경연 트로피도 보인다. 커피 컬렉티브(P.51)의 주인이자 2006년 바리스타 세계 챔피언인 클라우스 톰센은 에스테이트 커피 출신. ② 산뜻한 향으로 밀크 티 같은 풍미의 카푸치노 ③ 고급 초콜릿과 메이어스 베거리(P.51)에서 들여온 빵과 과자들도 맛볼 수 있다. ④ 커피 원두 외에 커피 관련 굿 디자인 제품도 판매하고 있다.

3 Days in Copenhagen

Column

 # 코펜하겐 커피 이야기

북유럽은 바리스타 세계 챔피언을 6명이나 낳은 커피 대국이다. 그중 4명이 덴마크 대표로 이는 세계 최다기록이기도 하다.

1인당 커피 소비량은 북유럽 국가 전반이 세계 최고 수준이다. 예를 들면 회사에서 잠시 휴식을 취할 때나 친구와의 만남, 홈 파티에서 결혼식까지 북유럽에서는 언제 어디서나 커피를 빠트릴 수 없다.

코펜하겐에는 재능 있는 커피 업계 종사자가 모여들며 개성 있는 마이크로 로스터(규모가 작은 로스터)가 속속 등장하고 있다. 이제는 세계의 커피마니아가 주목하는 커피 시장을 형성하고 있다.

2003년에는 북유럽 5개국에서 개최되는 경연대회 '노르딕 바리스타컵'이 발족하였으며 그 외에도 워크숍과 포럼이 빈번하게 열려 바리스타와 로스터 등 커피 업계의 수준 향상에도 공헌하고 있다.

커피 농장과 직거래가 늘어나고 있는 북유럽 커피 업계. 자신이 직접 농원을 돌며 좋은 원두를 들여오는 로스터가 늘고 있으며 지금까지 습관이 되어있던 커피 농원에서의 착취를 저지하기 위해 투명성 있는 거래를 지향한다. 좋은 맛은 물론 윤리적으로도 올바르게 커피를 즐기는 법을 일반인들에게도 홍보하고 있다.

바리스타 세계 챔피언의 카페

유럽1989에서는 2001년에 마틴 힐데브란트, 2002년에 프리츠 스톰, 2005년에 트뢸스 폴센이 세계 챔피언을 차지했다. 마틴 힐데브란트는 현재 Sokkelund Cafe&Brasserie의 오너, 트뢸스 폴센은 KONTRA COFFEE의 대표, 프리츠 스톰은 바리스타 트레이너로 활약하고 있다. 2006년에 우승한 에스테이트 커피의 크라우스 톰센은 동료들과 함께 커피 컬렉티브를 창설했다.

EUROPA1989 (P.18)

Coffee Collective (P.51)

Estate Coffee (P.32)

커피 컬렉티브는 토르브할렌(P.62), 에스테이트는 마가신(P.88)에 지점이 있다.

 ## 시내에서 가기 좋은 맛있는 카페

켄트카페 라보라토리움
KENT KAFFE Laboratorium

Map ▶P.124
Nørre Farimagsgade 79
http://www.kentkaffelaboratorium.com

데모크라틱 커피바
Democratic Coffee Bar (P.61)

17:30 🕐

여행 시 현지의 생활을 엿볼 수 있는 슈퍼마켓은 꼭 방문하고 싶어진다. 덴마크에서는 굿 디자인의 보고인 일마에 가볼 것을 추천한다. 창업자의 딸이 모델인 일마 마크가 그려진 상품은 기념으로 구매하고 싶을 정도로 앙증맞다.

memo

일마는 품질 향상에 중점을 두고 현지 재료 사용을 고집하는 슈퍼마켓. 친환경 제품을 비교적 저렴한 가격으로 제공하여 대중화시킨 선두주자이기도 하다. 코펜하겐에만 수십 개의 점포가 있다.

슈퍼마켓에서 굿 디자인 물색하기

소요 시간 1시간~

가게 안 이곳저곳에 일마 마크가 있다. 홍차와 커피, 키친타월, 리코리스와 민트 미니 캔은 선물로도 안성맞춤.

DAY 1

일마 마크 이외에도 굿 디자인이 가득하다. 오른쪽 아래에 있는 마틸다는 오래전부터 사랑받아 온 코코아 캐릭터. 그 외 북유럽 베리의 주스와 덴마크산 꿀, 오픈샌드용 초콜릿 등 흥미로운 식재료도 다양하게 취급한다. 스웨덴 제품도 판매하고 있다.

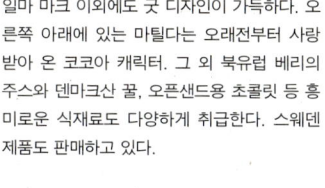

Map ▶P.42

일마(사진의 점포)
Irma City Vesterbrogade

🏠 Vesterbrogade 46
📞 +45 33 18 56 56
🕐 매일 8:00~22:00
🌐 http://irma.dk

3 Days in Copenhagen | 37

19:30 북유럽에서 최근 가장 핫한 맛집 탐방

소요 시간 2시간~

세계 제일의 레스토랑을 탄생시킨 코펜하겐. 실력파 신진 셰프들이 앞다투어 북유럽의 음식 씬을 이끌고 있다. 금전적 부담이 적은 레스토랑이 증가해 맛집 선택의 폭도 넓어지는 추세.

Relæ

코펜하겐의 최첨단 음식을 캐주얼하게 맛본다면 우선 이곳부터. 'noma'에서 수행한 셰프 크리스찬 프그리츠가 이끄는 레레는 미슐랭에서 별 하나를 획득해 세계 베스트 레스토랑 75위에도 선정된 주목해야 할 장소! 현지 식재료를 참신하게 조리한 새로운 미식 체험이 가능하다.

왼쪽부터 오징어와 홍합에 해조류를 곁들인 전채요리. 아티초크 무스에 키노아와 커피 파우더를 가미했다. 메인요리인 소고기에는 덜스라고 불리는 해초를 듬뿍 올렸다. 디저트는 염소 우유로 만든 요구르트에 비트와 블랙커런트를 토핑. 기본 코스는 네 접시이며 가격은 385크로네.

북유럽에서 흔히 먹는 샐러리 뿌리, 샐러리악을 넣은 타코스.

 Map ▶ P.42

레레
Restaurant Relæ

- Jægersborggade 41
- +45 36 96 66 09
- 수~금 17:30-24:00
  토 12:00-15:00 17:00-24:00
- http://www.restaurant-relae.dk

memo
세계 제일의 레스토랑으로 3년 연속 선정된 noma를 필두로 2012년 미슐랭 가이드에서 코펜하겐은 15개의 별을 획득했다!

코펜하겐의 인기 레스토랑은 언제나 붐비므로 사전 예약은 필수. 인터넷으로도 간단하게 예약할 수 있다.

Manfreds

왼쪽부터 면처럼 보이는 것은 사실 뿌리채소를 슬라이스 한 것으로 치킨부용과 곁들여 맛보자. 대구 카르파초에는 처빌 소스를. 소 갈매기살을 사용한 스테이크는 양파소스와 잘 어울린다.

레레의 반대편에 위치해 있으며 마찬가지로 프그리츠가 운영하고 있다. 보다 캐주얼한 분위기의 와인 바로 식사 메뉴는 기본적으로 테이크아웃이 가능한 독특한 스타일. 코펜하겐의 베스트 레스토랑으로 선정된 바 있다.

shop info   Map ▶ P.42
맨프레즈
Manfreds & Vin

- Jægersborggade 40
- +45 36 96 65 93
- 화-금 12:00-15:30 17:30-22:00
  토·일 브런치 10:00-13:00
  런치 13:00-15:30 디너 17:30-22:00
- http://manfreds.dk

3 Days in Copenhagen

Column
최신 북유럽 요리 이야기

왜 맛있어졌을까?

스페인 '엘 불리'의 셰프이자 세계 최고의 요리사로 칭해지는 페란 아드리아가 "앞으로 요리가 크게 발전할 장소"로 꼽은 북유럽. 이 말을 계기로 북유럽의 요리 붐이 한 번에 가속화 됐다고 한다. 요리 올림픽과 폴 보퀴즈 등 국제적인 무대에서 최근 몇 년간 북유럽의 신세대 셰프은 우승과 상위독점 등 약진을 보인다.

그 중에서도 코펜하겐에서는 3년 연속으로 세계 최고의 레스토랑에 뽑히는 쾌거를 달성한 'noma'를 필두로 미슐랭 스타를 획득하는 레스토랑이 계속하여 등장. 지금은 유럽에서도 손꼽히는 맛의 도시로서 주목받고 있다.

처음 첫 접시가 100크로네, 나머지는 한 접시당 50크로네로 추가할 수 있는 심플한 시스템. 양심적인 가격이지만 맛은 뛰어나며 양도 풍부하다. 팬톤과 웨그너의 의자를 비치한 스타일리시한 가게 내부는 항상 혼잡하며 활기가 넘친다.

왼쪽부터 신선한 어패류에 바다의 풍미가 가득한 스프를 뿌려 먹는 전채요리. 립스테이크는 이곳의 간판 메뉴이다. 포크 테린은 넉넉한 양을 자랑한다.

shop info   Map ▶P.42

매드클루벤
Madklubben VESTERBRO

- Vesterbrogade 62
- +45 38 41 41 43
- 매일 17:30-24:00
- http://www.madklubben.dk

품질이 좋고 신선한
현지 식재료를 고른다.

유기농 식품이 침투해 있는 덴마크. 레레와 맨프레즈는 덴마크 정부가 인정하는 유기농 인증으로 최상급 골드 마크를 획득. 음식의 안전 및 품질, 맛 모두를 중요시하는 가게가 늘어나고 있다.
북유럽의 신세대 셰프들이 제창하는 '맛있는 북유럽 요리를 위한 매니페스토'에서도 현지 식재료와 계절의 맛을 소중히 할 것, 건강하고 윤리적으로 올바른 음식을 추구할 것이라는 항목이 올라있다.

꾸밈없는 스타일

고급스러운 맛을 보다 합리적인 가격으로 제공하는 가게도 늘어나고 있다. 맛과 품질을 중시하는 한편 분위기와 서비스는 어디까지나 캐주얼하게. 가게 내부 장식에 중고 가구를 이용하거나 커틀러리는 서랍에 정리해두어 손님이 직접 꺼내서 사용하도록 하고, 조금 상태가 좋지 않은 식기도 그대로 사용하는 등 꾸밈없는 스타일이 현지인들에게 사랑받고 있다.

memo
매해 8월에 열리는 북유럽 최대 푸드 페스티벌 '코펜하겐 쿠킹'에서는 미슐랭 스타를 소유한 레스토랑이 내놓는 요리 프로그램도 있으며 가볍게 체험이 가능하다.

왼쪽부터 연어에 어란과 피클을 올려 고추냉이 소스를 가미. 포크 퓌레에는 라즈베리와 비트 소스를 곁들여 맛보자. 오른쪽은 게와 뿌리채소 소테이다.

네 단계의 코스 요리를 275크로네라는 합리적인 가격에 제공하여 고급 요리를 가깝게 느낄 수 있게끔 한 선구자적인 레스토랑. 연어와 돼지고기 등 덴마크다운 식재료를 세련된 음식으로 탈바꿈시켰다. 반지하에 있는 가게 내부는 분위기도 멋스럽다. 이탈리안 레스토랑과 오이스터 바 등의 같은 계열사 가게들도 모두 높은 평가를 받고 있다.

shop info Map ▶ P.42
레스토랑 코포코
Restaurant cofoco

- Abel Cathrines Gade 7
- +45 33 32 32 34
- 월~토 17:30~24:00
- http://www.cofoco.dk

3 Days in Copenhagen

Column

등불의 나라 덴마크

어둡고 긴 겨울을 보내는 북유럽 사람들은 등불을 향한 애착이 강하다. 하나의 등으로 방 전체를 밝게 비추는 것이 아닌, 섬세한 조명을 여러 개 설치하는 등 조명을 적절하게 사용할 줄 안다.

예를 들어 다이닝 테이블은 음식을 은은하게 비출 수 있는 정도의 광량이면 충분하다. 거실에는 스탠드라이트와 스포트라이트를 배치하고 창가에는 캔들을 두는 등 다양한 조명을 사용하여 최적의 밝기를 연출한다. 북유럽에서는 양초의 소비량도 많으며 가정에서도 레스토랑에서도 일상적으로 양초를 태운다. 아련하고 섬세한 빛이 기본이며 익숙하지 않다면 다소 어둡다고 느낄 정도다.

그런 조명의 달인들이 모인 북유럽 가운데서도 특별한 곳이 바로 덴마크이다. 폴 헤닝센이 활약하는 루이스 폴센을 필두로 예술작품과 같은 조명으로 알려진 르 클린트, 최근 실력을 재평가받고 있는 포그&모르, 해외에서 평가도 높은 신진 브랜드 라이트 이어즈 등 쟁쟁한 조명 메이커들이 이름을 뽐낸다. 거리를 걷다 보면 루이스 폴센의 조명에서 이름 없는 조명기구까지 아름다운 빛이 이곳저곳을 비추고 있다.

덴마크어에 편안함을 의미하는 '휴게'라는 말이 있다. 가족이나 친구와 커피를 마시면서 편하게 쉬는 때 등을 휴게한 시간이라 할 수 있으며 아마도 덴마크인의 생활에 없어서는 안 되는, 가장 소중하게 생각하는 것일지도 모른다. 그리고 그 휴게한 공간에는 언제나 조명의 존재가 있다. 너무 밝지 않고 같이 있는 사람과 친밀해질 수 있는 빛을 연출해주는 조명. 그것이 북유럽의 등불이다.

Column

국기 사랑

덴마크인은 국기를 매우 사랑한다. 빨간 바탕에 하얀 스칸디나비안 십자가가 그려져 있는 국기는 단네브로그라 불리며 사랑받고 있다. 국경일 등 특별한 날은 물론 과자에 장식되어 있기도 하는 등 친밀하게 사용되고 있는 것을 볼 수 있다.

왕관 사랑

덴마크인은 왕관을 사랑한다. 덴마크 왕실은 유럽에서 가장 오랜 역사를 지닌 왕실로 알려졌으며 왕족들 또한 친근한 성품으로 많은 이들에게 사랑받고 있다. 왕실이 인정한 가게와 브랜드에는 왕관 마크가 빛나고 있으며 거리 곳곳에서 국민에게 사랑받는 왕실의 존재를 느낄 수 있다.

♡ 사랑

덴마크인은 하트를 사랑한다. 하트가 그려진 동전은 기념으로 소장하고 싶을 만큼 귀엽다. 국장에도 왕관과 함께 9개의 하트가 그려져 있다. 덴마크에서는 크리스마스의 모티브이기도 하여 하트 모양 오너먼트를 주로 사용한다.

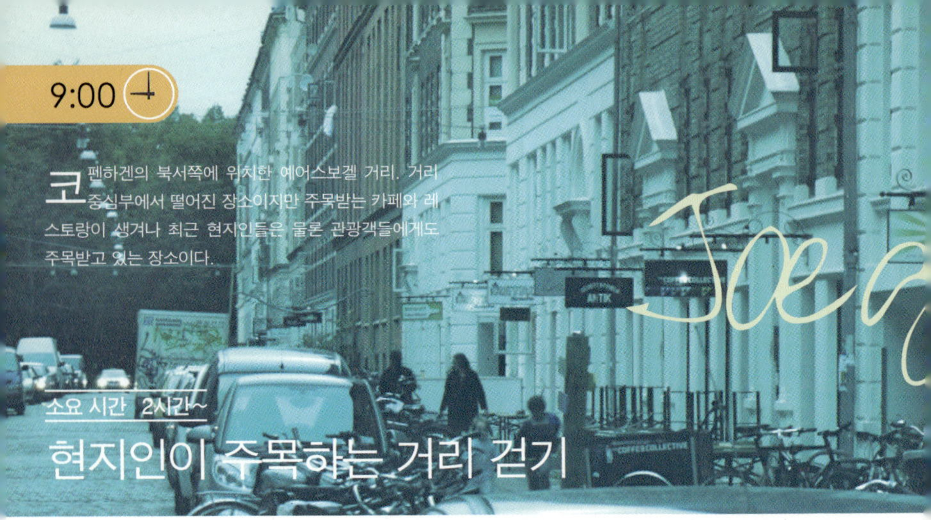

9:00

코펜하겐의 북서쪽에 위치한 에어스보겔 거리. 거리 중심부에서 떨어진 장소이지만 주목받는 카페와 레스토랑이 생겨나 최근 현지인들은 물론 관광객들에게도 주목받고 있는 장소이다.

소요 시간 2시간~

현지인이 주목하는 거리 걷기

 Map ▶P.68

그뢰
GRØD

쌀과 잡곡을 끓인 죽은 북유럽의 대표적인 아침 식사. 레시피 책을 출판하기도 한 인기 죽 전문점 고르에서는 유니크하고 참신한 토핑을 즐길 수 있다. 실내 시장 토르브할렌(P.62)에도 가게가 있다.

📍 Jægersborggade 50
🕐 월~금 7:30-21:00
　　토·일 10:00-21:00
🔗 http://groed.com

TRY IT!

시나몬슈가와 버터, 리코스슈가와 프로즌베리 맛 하프앤드하프, 오트밀, 쌀, 잡곡 등 기본이 되는 죽의 종류도 고를 수 있다.

DAY 2

ersborggade

Map ▶ P.68

루드
ROD

신선한 채소와 유기농 제품을 취급하는 식재료 가게. 추천 메뉴는 몸에 좋은 수제 주스. 가게에서 판매하는 채소와 과일을 사용하여 취향에 맞게 만들어 준다.

- Jægersborggade 17
- 월-금 9:00-18:00
  토 9:00-15:00
- http://www.butikkenrod.dk

당근과 사과에 생강을 듬뿍 넣은 주스. 몸이 따뜻해진다.

3 Days in Copenhagen

 Map ▶P.68

레트로 뇌레브로
RETRO Nørrebro

이것이야말로 덴마크라 외치고 싶어지는 귀여운 카페 레트로. 사실 매출을 후진국에 기부하는 비영리 카페이다. 점원은 모두 자원봉사자이다.

- Jægersborggade 14
- 화~목 12:00-23:00 금 14:00-1:00
  토 12:00-1:00 일 12:00-23:00
- http://www.facebook.com/RETRO-Norrebro

GRØD P.48

Manfreds P.39

Jægersb

Relæ P.38

코펜하겐 요식업계에 새로운 붐을 일으킬 화제의 레스토랑도.

중고 의류와 도자기를 파는 가게, 초콜릿 가게 등 작은 가게가 많아 쇼핑도 즐겁다. 단 늦게 개점하는 가게도 종종 있다.

shop info
커피 컬렉티브 Map ▶ P.68
COFFEE COLLECTIVE

코펜하겐에서 시작해 세계의 커피마니아들을 매료시킨 로스터 카페. 지금은 인기에 힘입어 3개의 점포를 운영하고 있는데 이곳이 제1호점이다. 아담하고 아늑한 분위기는 1호점에서만 느낄 수 있는 특별함.

📍 Jægersborggade 10
🕐 월~금 7:00-19:00 토 · 일 8:00-19:00
🏠 http://www.coffeecollective.dk

RETRO   COFFEE COLLECTIVE

ROD
P.49

Meyer's Bageri

Map ▶ P.68
shop info
메이어스 베거리
Meyer's Bageri

코펜하겐에서 가장 맛있는 시나몬 롤은 바로 이곳에 있다. 덴마크의 유명 셰프 클라우스 메이어가 진두지휘하는 빵과 디저트는 백이면 백 모두 맛있다.

📍 Jægersborggade 9
🕐 월~금 7:00-18:00 토 · 일 7:00-16:00
🏠 http://www.clausmeyer.dk

3 Days in Copenhagen | 51

11:30

북유럽 빈티지 산책
소요 시간 2시간~

코펜하겐에서 빈티지를 찾는다면 라운스보겔(Ravnsborggade) 거리로 가자. 100년 이상 된 앤티크 제품부터 미드 센추리 가구와 조명, 놀라서 숨이 턱 막혀버릴 듯한 아이템, 이름 없는 생활도구까지 빈티지 제품을 좋아하는 이들에게는 그야말로 보물창고다.

반지하에 위치한 가게 내부에는 식기와 조명 등 유명 또는 무명 굿 디자인이 빼곡히 진열되어 있다. 중세 디자인에 조예가 깊은 점주에게 추천을 받아보는 것도 좋을 듯하다.

 Map ▶ P.69

소렌 홀링
Søren halling

📍 Ryesgade 2
📞 +45 25 77 44 69
🕐 월~금 10:00~17:00
　　토 10:00~16:00
　　(토요일에는 휴업하는 경우도 있음)

빈티지 명품을 비롯해 옛날 과자 캔과 상자, 가정에서 사용되던 수제 잡화까지 아기자기한 제품들이 가득해 빈티지를 잘 몰라도 사고 싶은 물건을 발견할 수 있을 것이다.

shop info　Map ▶ P.69

인거슬리브 안티크
Ingerslev Antik

📍 Ravnsborggade 22
📞 Mobil tlf +45 23 26 33 52
　　Tlf butik +45 35 37 88 89
🕐 월~금 11:00~17:30 토 11:00~15:00
🌐 http://www.lilleingerslev.dk

memo

최근 몇 년간 뛰어난 센스의 셀렉트 숍과 레스토랑이 늘어나 더욱 매력을 발휘하고 있는 라운스보겔 거리. 매해 수차례 벼룩시장이 열린다. 일정은 사이트에서 확인할 수 있다.

http://ravnsborggade.dk/

조금 허기질 때는

연어와 파테 등 덴마크다운 메뉴를 갖춘 캐주얼한 분위기의 카페. 이 주변에 저렴한 카페와 레스토랑, 바가 모여 있다.

shop info Map ▶P.69

카페 가블렌
Café Gavlen

📍 Ryesgade 1
📞 35370237
🌐 http://gavlen.dk

화제의 베스테르브로 구역

코펜하겐의 남서부 베스테르브로&이스테드게이드 거리도 최근 빈티지 가게가 많이 생겼다. 시간이 있다면 꼭 들러볼 것.

라운스보겔 거리의 인기 가게가 베스테르브로로 이전. 주로 가구와 조명을 판매하는데 1800년대부터 미드 센추리까지 폭넓은 연대의 제품을 취급하고 있다.

shop info Map ▶P.68

안티크할렌
Antikhallen

📍 Vesterbrogade 179
📞 40 20 15 30
🕐 수~금 13:00-17:30 토 11:00-15:00

3 Days in Copenhagen | 53

`Column`

북유럽 덴마크의 빈티지

옌스 퀴스트가드 디자인의 캔들 홀더

로얄 코펜하겐을 둘러싼 브랜드

덴마크의 테이블웨어라고 하면 역시 로얄 코펜하겐(P.78)이 가장 먼저 떠오른다. 그 기나긴 역사에는 다양한 도예 명장들이 연관되어 있다.

Bing & Grondah
빙앤그뢴달

로얄 코펜하겐의 대항마로서 1853년에 설립되어 큰 인기를 끌었다. 1987년에 로얄 코펜하겐사에 흡수되었으나 로얄 코펜하겐보다 앞서 시작한 크리스마스플레이트 등 대표작의 일부는 지금도 계승되고 있다.

Aluminia
알루미니아

1863년 설립. 파이안스라 불리는 도자기 제법으로 색채가 풍부한 작품을 만들어냈다. 1882년에 로얄 코펜하겐을 매수. 로얄 코펜하겐의 이름을 존속시키기 위해 알루미니아의 이름은 1969년에 사라졌다. 대표작은 '테네라', '바카' 시리즈.

Kronjyden
쿠로니덴

1937년 창업. 1957년에 매수되어 닛센(Nissen)으로 이름을 변경, 1972년에는 빙앤그뢴달의 산하에 들어가지만 일부 제품을 로얄 코펜하겐이 전승. 퀴스트가드에 의한 '릴리프'와 '코디알' 등의 스톤웨어가 유명.

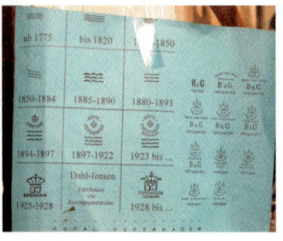

그릇 아래쪽에 찍혀 있는 스탬프에는 가마의 변천사가 새겨져 있다. 알루미니아의 'A'마크와 로얄 코펜하겐의 삼선을 조합한 마크는 알루미니아가 로얄 코펜하겐을 매수한 후 1969년에 마크를 통일하기까지 사용되었던 것.

추천! 귀여운 덴마크 빈티지 브랜드

Knabstrup
크납스트루프

1907년에 창업. 1988년까지 제작된 메이커. 귀여운 일러스트가 그려진 조미료통이 인기.

Lundtofte
룬드토프테

고품질 스테인리스 제품으로 유명하다. 로즈우드와 수지를 조합한 커틀러리를 시작으로 소스 팬과 쟁반 등 깔끔하고 모던한 디자인이 특징이다.

Lyngby
륑비

1936년에 코펜하겐 교외에 있는 마을 륑비에서 창업하여 1969년까지 계속 제조해왔다. 1950년대에 발표한 직화에서도 사용할 수 있는 'Dan-lid' 시리즈로 인기를 누렸다.

숨은 조명의 명작
Fog&Morup
포그 앤 모르

1960~70년대에 걸쳐 루이스 폴센사에 뒤지지 않는 인기를 자랑했던 조명 메이커. 인수 합병을 거쳐 1970년대에 폐업했으나 근래에 높은 평가를 받고 있다.

DANSK
단스크

북유럽 디자인에 매료된 미국인 경영자가 덴마크인 디자이너 옌스 퀴스트가드와 함께 1954년에 설립한 주방용품 메이커. 퀴스트가드가 디자인한 법랑 냄비 '코펜 스타일'은 시대를 초월한 롱셀러가 되었다.

포그 앤 모르의 동사의 황금시대를 이끈 디자이너 요하네스 하마보에 의한 '오리엔트'. 2013년에는 복각판이 판매되었다.

덴마크의 국민 디자이너

Bjorn Wiinblad
비욘 빈블라드

테이블웨어에서 오브제, 그래픽까지 다채로운 작품을 탄생시켰으며 덴마크 가정에는 꼭 그의 작품이 있다고 전해질 정도. 독일의 로젠탈사에서 발표한 테이블웨어와 니몰사(Nymolle)의 제품이 유명.

수집하는 사람이 많은 니몰사의 먼 슬리플레이트.

Jens H. Quistgaard
옌스 퀴스트가드

단스크의 창립자이자 동사의 디자이너로서 활약. 법랑 냄비 '코펜 스타일'과 '릴리프', '아주르' 등의 식기 시리즈는 덴마크는 물론 세계의 식탁에서 사랑받았으며 그 작품군은 MOMA에 소속되어 있다.

3 Days in Copenhagen

14:00

독특한 미술관 방문하기
소요 시간 1시간~

노레포트(Nørreport) 역 근처에 조용히 존재감을 발휘하고 있는 노동자 박물관. 1800년대부터 시작된 덴마크의 노동 역사를 전달하며 특히 1930~1950년대의 자료와 전시가 풍부하다. 북유럽 디자인이 꽃 핀 미드 센추리와 그 조금 이전 사람들의 생활을 엿볼 수 있다.

memo
입장료 65DKK(18세 이하 무료)
65세 이상과 학생은 55DKK

shop info   Map ▶ P.69
노동자 박물관
Arbejdermuseet

📍 Rømersgade 22 | DK-1362
📞 +45 33 93 25 75
🕐 매일 10:00~16:00
🔗 http://arbejdermuseet.dk

DAY 2

1930년대의 일반 가정의 생활을 엿볼 수 있는 작은 아파트와 공업화가 진행되던 시대의 직장, 전후 미국 문화에 영향을 받은 1950년대의 방 등이 재현되어 있다.

1950년대의 상점가를 재현한 층의 한 편에는 당시 유행하던 스타일의 커피숍이, 커피의 대체물로 많이 마시던 음료와 인기 있던 과자 등 당시의 메뉴를 싸게 판매하고 있다. 지하에는 옛날 음식을 맛볼 수 있는 레스토랑도 있다.

3 Days in Copenhagen | 57

15:30

북유럽의 대표 간식
핫도그 먹기

소요 시간 30분

소시지와 핫도그는 북유럽인에게 있어 가장 친근한 패스트푸드이다. 길거리의 핫도그 웨건에는 밤낮할 것 없이 심지어 눈이 와도 사람들이 끊이지 않는다. 덴마크에 왔다면 한번은 꼭 먹어보자!

프랑스 빵에 소시지를 대충 끼워 넣은 스타일도 인기. 덴마크에서는 타르타르 소스와 같은 리모라데 소스를 뿌리는 것이 일반적이다.

DAY 2

memo
광장과 역 앞 등 거리 곳곳에서 볼 수 있는 핫도그 웨곤. 1920년대부터 등장해 가장 번성했을 때에는 코펜하겐에 1000개 이상이 있었다고 한다.

LOVE IT!

몸에 좋은 핫도그, 한 입 하실래요?

유기농 핫도그를 판매하는 두프. 사워크림 빵을 사용하며 토핑으로 들어가는 구운 양파와 피클, 케첩 그리고 리모라데 소스까지 모두 100% 유기농 제품을 사용한다고. 라운드타워 근처와 스트로이에의 아마게토브 광장에 가게를 운영 중.

shop info   Map ▶ P.69

되프
DØP

- Købmagergade 52 (라운드타워점)
- 월~금 11:00~18:00
- http://www.døp.dk

3 Days in Copenhagen | 59

16:00

도서관에서 쉬어가기
소요 시간 30분

산책하다가 힘들면 현지인들과 한 데 섞여 도서관에서 잠시 쉬어가자. 코펜하겐 중앙도서관은 북유럽 도서관답게 개방적이며 디자인도 뛰어나다. 무료 인터넷은 물론 방문객용 컴퓨터도 있어 길을 걷다 헤매고 있을 때도 든든한 아군이 되어준다.

shop info   Map ▶P.69

코펜하겐 중앙도서관
Hovedbiblioteket

- Krystalgade 15
- +45 3373 6060
- http://bibliotek.kk.dk/node/7816

원래 백화점이었던 건물로 천장이 상층부까지 시원하게 뚫려있어 개방감이 있다. 코펜하겐의 이벤트 정보와 지도 등 여행자들에게 도움이 될 만한 정보를 얻을 수도 있다.

데모크라틱 커피 바
Democratic Coffee Bar

커피가 생각난다면 도서관에 있는 커피숍 데모크라틱 커피 바로 가보자. 북유럽 최고의 로스터에서 공수한 원두로 맛있는 커피를 내려준다. 매일 아침 이곳에서 직접 구운 크루아상도 추천한다.

3 Days in Copenhagen

17:00

시장에서 북유럽 식재료 견학&쇼핑

소요 시간 1시간~

유명 시장에서 진정한 덴마크 음식의 세계를 체험해보자. 마음에 드는 음식을 조금씩 맛보며 테이크아웃에도 도전. 오늘 밤 호텔 방에서 느긋하게 디너를 즐겨보는 건 어떨까?

커피와 초콜릿 가게, 컵케이크와 리코리스 전문점 등 코펜하겐의 유명 가게들이 모두 모여있다. 시간적 여유가 없는 사람이라도 짧은 시간 동안 다양한 음식을 맛볼 수 있다.

① 실외에도 가게들이 있는데 베리와 뿌리채소, 버섯 등 북유럽다운 식재료가 눈에 띈다. ② 덴마크 제품을 포함하여 각 지역의 치즈를 판매하고 있다.

shop info Map ▶ P.69

토르브할렌
TORVEHALLERNE KBH

2011년에 오픈한 이래 큰 인기를 끌고 있는 실내 푸드 마켓. 생선 판매관과 디저트 및 커피숍이 위치한 관으로 나뉘어 있다.

- Frederiksborggade 21
- 월~목 10:00-19:00 금 10:00-20:00 토 10:00-18:00 일 11:00-17:00
- http://torvehallernekbh.dk

맛있는 덴마크산 돼지고기!

3 Days in Copenhagen | 63

① 입에 침이 고일 만큼 맛있는 향을 풍기는 오리고기 샌드위치. 배가 고프다면 이곳에서 갓 만든 샌드위치를 먹어보자! ② 언제나 북적이는 와인 바. 테이블이 있는 가게도 몇몇 있어 가볍게 식사하기에도 좋은 장소다.

DAY 2

① 테이크아웃에 도전. 손가락으로 메뉴를 짚기만 해도 어떻게든 통한다. 시식도 해볼 수 있다. ② 마치 스테이크 같은 마구로타다끼. ③ 돼지와 토끼 등 다양한 고기로 만든 파테가 있다. ④ 가리비나 게를 사용한 해산물 수플레를 병에 담았다.

3 Days in Copenhagen | 65

20:00

크래프트 맥주 비교하며 마시기

소요 시간 1시간~

북유럽에서 맥주는 물 대신 마실 정도로 가벼운 음료이다. 최근 들어 맛을 추구하는 크래프트 맥주가 상승세를 보인다. 전 세계 맥주마니아들을 열광시킨 미켈러의 직영 바에서 크래프트 맥주의 깊은 세계에 빠져보자.

shop info   Map ▶ P.68

집시 브루어리, 미켈러

자신의 양조장을 소유하지 않고 세계 각국의 양조장과 협력하여 특색 있는 맥주를 만들어 내는 미켈러. 오너 미켈러가 제안한 독특한 레시피는 다수의 품평회에서 눈부신 성적을 내었고 지금은 전 세계에 유명세를 떨치고 있다. 그런 미켈러 스타일을 마음껏 맛볼 수 있는 직영 바가 코펜하겐의 두 곳에 위치해 있다.

미켈러 바
Mikkeller Bar

- Viktoriagade No. 8 B-C
- +45 33 31 04 15
- 일~수 14:00-24:00 목·금 14:00-2:00
  토 12:00-2:00
- http://mikkeller.dk

빅토리아 거리에 있는 1호점에는 밤마다 맥주 애호가들이 모여든다. 반지하에 있어 마치 은둔처 같은 분위기도 이곳의 매력. 생맥주는 상시 20종을 갖추고 있다.

DAY 2

크래프트 맥주를 마음껏 마시고 싶다면
코펜하겐 비어 셀러브레이션
Copenhagen Beer Celebration

2012년부터 시작된 맥주 축제. 미켈러를 필두로 전 세계 유명 브루어리가 참가하며 입장료를 지불하면 무제한으로 맥주를 즐길 수 있어 맥주마니아에게는 더할 나위 없는 이벤트. 매년 5월 초순 개최.
http://copenhagenbeercelebration.com/

shop info   Map ▶ P.68

미켈러&프렌즈
Mikkeller & Friends

미켈러에 사사하고 마찬가지로 집시 브루어리로서 두각을 나타낸 투 왈(To øl)과 미켈러가 2013년에 함께 오픈. 이곳에서는 전 세계에서 엄선해 들여온 맥주를 판매하고 있다. 맥주 바의 상식을 뒤엎는 밝고 스타일리시한 가게 인테리어도 매력적이다. 생맥주의 종류는 무려 40종에 달한다.

📍 Stefansgade 35
📞 +45 35831020
🕐 일·월 14:00-24:00 목~금 14:00-2:00 토 12:00-2:00

3 Days in Copenhagen

DAY 2

범례
- ●●●●● 도보 루트
- ━━━ 추천 대중교통 루트
- 1A 버스
- 991 수상 버스
- ● 버스정류장
- M Metro (지하철)
- S S-tog (근교 열차)
- Re Regionaltog (교외 열차)
- Köbenhavn H 역

배차간격이 비교적 짧고 환승이 쉬운 루트를 선별하였다. 버스 노선은 실제로 더 다양하다.

카페 가블렌 P.53
소렌 홀링 P.52
인거슬리브 안티크 P.52
노동자 박물관 P.56
토르브할레 P.62
되프 P.59
코펜하겐 중앙도서관 P.60

Vesterport st.
Nørre Farimagsgade
Nørreport st.
Nørreport
Stroget
스트로이에
Kongens Nytorv
Vesterport
Köbenhavn H
Christians
엑슬 호텔 쿨토슈메덴 P.119

3 Days in Copenhagen | 69

Column

자전거 마을, 코펜하겐

코펜하겐 사람들의 중요한 이동수단 중 하나인 자전거. 길은 기복이 적고 자전거 전용 도로 역시 철저하게 정비되어 있어 '세계에서 가장 자전거 타기 좋은 도시'로 선정된바 있다. 자동차보다 친환경적인 것은 물론 건강에도 좋고 돈이 들지 않으며 무엇보다 단거리 이동은 자동차나 전철보다 빨라 큰 인기를 끌고 있다. 주민의 3할 이상이 통근 및 통학에 자전거를 이용하고 있을 정도.

출퇴근 시간에는 교통량이 특히 많으며 엄청난 속도로 페달을 밟는 사람들이 종종 있다. 잘못해서 자전거 전용도로로 들어가는 일이 없도록 주의하자.

자전거와 관련된 숫자

코펜하겐의 1일 자전거 주행거리는 127만km. 눈이 오나 비가 오나 자전거를 탄다. 코펜하겐 주민이 소유한 자전거 대수는 65만대로 자동차의 5배 이상. 국회의원의 63%가 통근에 자전거를 이용한다. (참조 Copenhagen city of Cyclists Bicycle Account 2012)

옛날 사진을 봐도 자전거가 정말 많은 것을 볼 수 있는데, 1920~30년대에 걸쳐 폭발적인 인기를 끌었기 때문이라고 한다. 우편배달도 자전거로 대체하는 등 시 전체가 세계 제일의 '자전거 도시'를 목표로 힘쓰고 있다.

Christiania Bike
크리스티아니아 바이크

코펜하겐을 달리는 자전거 중 가장 눈에 띄는 것이 바로 짐칸 달린 삼륜 자전거이다. 1978년에 자치구 크리스티아니아(P.106)에서 탄생한 세계 최초 삼륜 자전거로 짐을 운반할 때 매우 편리하다. 어린 자녀가 있는 가정에서 많이 소유하고 있으며 작은 아이를 여러 명 싣고 달리는 모습도 종종 보인다.

memo

보증금을 내면 누구든지 이용할 수 있는 시티바이크가 마을 이곳저곳에 있다. 호텔에서도 대여해주기도 한다.

자전거 전용 도로는 인도와 버스정류장 사이에 있다. 버스에서 내릴 시에는 후방에서 오는 자전거가 없는지 반드시 확인할 것!

`Column`

전철로 이동하기

디자인의 나라 덴마크에는 전철 주변에도 멋진 디자인이 가득하다. 근교 열차 에스토그의 마크부터 행선지를 표시하는 디스플레이까지 사방에 사진 촬영 욕구를 불러일으키는 광경이 펼쳐진다. 조용히 있고 싶은 사람을 위한 차량과 자전거 반입이 가능한 차량 등 알아보기 쉬운 표식 덕분에 현지어를 모르는 여행객들도 안심하고 전철을 이용할 수 있다. 무료 인터넷은 물론 중·장거리 열차에는 어린이들이 놀 수 있는 공간과 장난감도 마련되어 있다. 덴마크에 있으면 자꾸만 전철에 타고 싶어진다.

DAY 3

북유럽 전통 체험

8:30

오리지널 데니쉬 먹기
소요 시간 20분

덴마크에 왔다면 본고장의 맛있는 데니쉬를 먹어보는 것이 인지상정! 갓 구운 바삭한 식감의 데니쉬를 먹으러 아침 일찍 베이커리로 가보자.

memo
북유럽에서는 데니쉬가 아니라 비너브로트(빈의 빵)라는 이름이 더욱 친숙하다. 현지인에 의하면 매일 먹는 것이 아니라 주말 아침이나 차를 마실 때 먹는다고.

트리아논
Trianon Bager Cafe

1940년 창업. 왕실전용 베이커리로 알려진 트리아논. 클래식한 가게 내부에서 갓 구운 전통 데니쉬를 커피와 함께 맛보자.

왕실이 인정한 빵집만이 간판의 크링글 문양에 왕관을 달 수 있다.

shop info Map ▶ P.97

- Hyskenstræde 8
- +45 33 15 66 82
- 월~금 7:30-17:30 토 8:30-17:00
- http://www.trianon.dk/

반죽 사이에 버터를 60%이상 넣어 27겹으로 만드는 것. 이것이 전통적인 데니쉬의 정의이다. 또한, 북유럽의 데니쉬는 '반죽을 먹는 것'이므로 파이 속에는 필요 이상으로 신경 쓰지 않는다.

DAY 3

Kringle 크링글

빵집 간판에 걸려있는 매듭 모양 크링글. 실물은 매우 커다라므로 잘라서 먹는다. 먹는 부위에 따라 바삭하기도 하고 촉촉하기도 하다.

TRY IT!

Frosnapper 프로스내퍼

비교적 새로운 트위스트 형태의 데니쉬. 바삭바삭한 식감이 좋다.

Snegle 스나일

동그란 모양의 대표적 데니쉬. 시나몬 롤로 불리기도 한다.

Thebirkes 테비아케스

크림과 잼 등의 내용물 없이 반죽 본연의 맛을 느끼고 싶다면 이것을 선택하자.

라우케에후세트
Lagkagehuset

코펜하겐에 10점포 이상 있는 인기 베이커리. 중앙역에 있는 점포는 매일 아침 5시에 오픈한다. 중앙역 맞은편에 있는 관광안내소와 함께 운영 중인 점포와 스트로이에의 점포도 접근성이 좋다.

shop info　Map ▶ P.97

- Frederiksberggade 21 (스트로이에점)
- +72 484 777
- 매일 7:30-20:00
- http://www.lagkagehuset.dk/

3 Days in Copenhagen | 75

9:00

벼룩시장에서 특별한 빈티지 찾기

소요 시간 1시간~

memo
벼룩시장은 주로 하절기(4월~10월경) 주말에 개최. 이른 시간에 가는 것을 추천한다. 관광청의 책자와 사이트에 벼룩시장 일정이 소개되어 있다.

오래된 것을 사랑하고 아끼는 북유럽인. 봄부터 가을까지는 벼룩시장 시즌으로 프로에서 일반 가정까지 다양한 이들이 각양각색 물품을 판매한다. 다른 곳에서는 만날 수 없는 나만의 빈티지를 찾으러 떠나보자.

토르발센 광장의 벼룩시장
(구 감멜 스트랜드의 벼룩시장)

Thorvaldsens Plads Antique Market

운하 근처에서 개최되던 인기 벼룩시장이 2012년부터 토르발센 광장으로 이전. 압도적인 품목 수를 갖추고 있으며 빈티지 마니아라면 꼭 가봐야 할 장소. 지식 풍부한 판매자와 대화하는 것도 또 하나의 즐거움이다.

shop info   Map ▶ P.97

- Thorvaldsens Plads 2
- 매주 금요일과 토요일에 개최 8:00~17:00(4월~10월)
- http://www.antikmarked.com/

① 올드 로얄 코펜하겐은 역시 인기이다. ② 옅은 그린 색상의 식기는 로얄 코펜하겐과 합병한 알루미니아의 제품. ③ 벼룩시장의 단골 제품이자 덴마크 국민에게 가장 사랑받은 디자이너 중 한 명인 비용 빈블래드의 작품. ④ 이웃 나라 스웨덴의 인기 디자이너 리사 라슨의 하마도 발견. ⑤ 새처럼 보이는 알루미니아 도기의 정체는 사실 피리.

가격흥정은 벼룩시장의 묘미. 단 북유럽에서는 원래 양심적으로 가격을 책정하므로 가격흥정은 별로 달가워하지 않는다고. 그리고 벼룩시장에 갈 때는 현금을 꼭 챙겨갈 것!

이 외에 가기 좋은 곳은 프레데릭스베르시 청사 앞과 이스라엘 광장의 벼룩시장 등. 하절기 이외에는 실내형 댄 블라 홀(Den Blå Hal)이 연중 개최.

3 Days in Copenhagen | 77

로얄 코펜하겐
본점 방문

소요 시간 30분~

10:30

북 유럽을 대표하는 테이블웨어로 손꼽히는 로얄 코펜하겐. 덴마크 왕실의 윤조 하에 1775년 개업한 이래 왕실이 애용하는 도자기로 군림하였다. 브랜드를 상징하는 블루와 화이트의 아름다운 도자기는 선망의 대상이다. 스트로이에에 있는 본점에는 230년 이상에 걸친 역사와 매력이 응축되어 있다.

길을 가다 발걸음을 멈추고 쇼윈도를 들여다보는 사람이 끊이질 않는다. 1층부터 2층까지가 메인 숍. 도기에 그림을 그리는 워크숍 등도 개최되고 있다.

DAY 3

① 크리스마스 테이블 세팅이 눈길을 끈다. ② 로얄 코펜하겐의 그릇으로 장식된 호화 크리스마스트리. ③ 트레이드마크인 '왕관과 3개의 물결'. 개업 이래 자기제작도 그림 넣는 것도 옛날과 변함없는 수작업으로 마무리하고 있다.

LOVE IT!

1775년 개업 시부터 계속 제작되어온 대표작 블루플루티드를 새롭게 디자인한 블루플루티드 메가. 컵으로서도 사용해도 될 것 같은 완성도 높은 캔들 스탠드.

memo
불후의 명작 '플로라다니카'는 국보로서 로센보르 성에 전시되어 있다. 이어플레이트, 이스터와 크리스마스 컬렉션 등 시즌마다 등장하는 라인업도 매력적이다.

shop info Map ▶ P.97

로얄 코펜하겐

Royal Copenhagen Flagship Store

- Amagertorv 6
- +45 33 13 71 81
- 월~금 10:00~19:00 토 10:00~18:00
  일 11:00~17:00 (계절에 따라 다름)
- http://www.royalcopenhagen.com/

3 Days in Copenhagen

11:30

북유럽에서 탄생한 장난감, 레고블록의 매력 재발견

소요 시간 30분

자유롭게 조립할 수 있어 무한한 재미가 있는 추억의 장난감 레고블록. '20세기 최고의 완구'라고도 칭해지는 레고블록은 사실 덴마크에서 탄생했다. 성별과 나이에 관계없이 즐길 수 있으며 상상력을 소중히 생각하는 레고블록에는 북유럽의 정신이 깃들어있다. 레고가 태어난 나라에서 그 매력을 다시 한 번 느껴보자.

memo

1932년에 창업. 현재 블록의 원형은 1958년에 만들어졌다. 장난감 회사로서 세계 3위의 매출을 자랑하며 본국 덴마크와 영국, 미국에는 놀이공원인 레고 랜드와 레고 호텔도 있다.

shop info Map ▶ P.97

레고 스토어
LEGO STORE

- Vimmelskaftet 37
- +45 52 15 91 57
- 월~목 10:00-18:00 금 10:00-19:00
- 토 10:00-18:00 일 11:00-17:00

작은 창을 들여다보면 안에는 록스타가. 위병과 오페라 하우스, 뉴하운의 거리 등 코펜하겐 명물도 가득하다.

처음에는 빨간색과 흰색만 있었다고 하는 레고블록. 전차의 색이기도 한 녹색 블록은 초기에는 없었다. 역사를 따라가 보면 북유럽인다운 발상을 곳곳에서 엿볼 수 있다.

3 Days in Copenhagen | 81

12:30

오픈샌드 먹기
소요 시간 1시간

북유럽을 대표하는 메뉴라고 하면 스뫼르레브뢰라 불리는 오픈샌드를 들 수 있다. 빵이 보이지 않을 정도로 속을 많이 올려 나이프와 포크로 잘라 먹는 것이 현지 스타일이다.

오만스의 스뫼르레브뢰. ① 찐 돼지고기에 달걀 노른자를 곁들인 음식. 꿀과 발사믹 식초로 간을 했고 플럼과 호두가 포인트로 들어갔다. ② 닭고기 테린에 덴마크산 파와 피클, 닭의 껍질을 바삭하게 튀겨 토핑. ③ 살로인 스테이크에 튀긴 양파를 올려 리모나데 소스를 끼얹었다. ④ 훈제한 고등어에 토마토 콤포트와 펜네, 마요네즈와 크루통을 곁들인 것.

memo

스뫼르레브뢰는 버터 빵이라는 의미. 루그브로드라 불리는 덴마크를 대표하는 네모난 호밀 빵이 주로 사용된다. 원래 점심식사로 먹는 음식으로 일반적으로 속에는 간 파테나 연어, 청어, 칵테일 새우 등 들어간다.

스뫼르레브뢰에 빠뜨릴 수 없는 것이 아쿠아비트. 체이서로는 맥주가 제격이다.

DAY 3

오만스
AAMANNS Deli & Take Away

코펜하겐 근교에서 조달할 수 있는 식재료와 친환경 재료를 엄선하여 테이크아웃으로 가볍게 즐길 수 있는 스뫼르레브뢰를 제안. 2012년에는 뉴욕에도 진출해 호평을 받고 있다. 각 내부에서 먹고 갈 수도 있으며 저녁에는 미트볼 등의 메뉴도 제공한다. 옆에 있는 레스토랑에서는 스뫼르레브뢰 외에도 높은 품질의 런치와 디너를 느긋하게 즐길 수 있다.

shop info Map ▶ P.97

- Øster Farimagsgade 10
- +45 35553344
- 월~금 10:30-20:00 토 11:00-16:30 일 · 공휴일 12:00-16:30
- http://www.aamanns.dk/

유서 깊은 식당을 찾는다면

슬롯켈데렌 호스기테킥
Slotskælderen Hos Gitte Kik

스트로이에와 가까우며 언제나 붐비는 스뫼르레브뢰 명가. 1910년 창업한 이래 지금까지 옛날 레시피 그대로 만들고 있으며 카운터에 진열된 음식 중 선택하면 테이블까지 가져다준다. 식기도 모두 로얄 코펜하겐이니 눈도 더불어 호강한다.

shop info Map ▶ P.97

- Fortunstræde 4
- +45 33 11 15 37
- 화~목 10:00-17:00(주방은 15:00 마감)
- http://www.slotskaelderen.dk/

3 Days in Copenhagen

14:00

아기자기한 거리 산책

소요 시간 2시간　　Map ▶ P.97

탄성이 나올 만큼 아름다운 코펜하겐의 거리 풍경. 다음 목적지까지 작은 골목길을 천천히 걸어보자. 디자인과 인테리어를 좋아한다면 가게 간판과 집 창문을 구경하는 것만으로도 설렐 것이다. 가이드북에는 실려 있지 않은 나만의 취향에 딱 맞는 길을 찾을 수 있을지도 모른다.

DAY 3

① 북유럽의 가정에서는 커튼을 설치하지 않는 경우가 많은데 아름답게 장식된 창가는 길을 오가는 사람들의 눈을 즐겁게 해 준다. ② 아담한 치즈 전문점, 카페와 잡화점도 여기저기 보인다. ③ 지반이 약한 코펜하겐에서는 오랜 세월 덕에 삐뚤어진 건물도 종종 보인다.

3 Days in Copenhagen

유서 깊은 술집 견학

오랜 역사의 건물의 내부를 견학하고 싶다면 코펜하겐에서 가장 아름다운 술집에 들러보자. 1875년에 창업했고 이 장소에서는 1928년부터 영업을 시작했다. 원래 전신국으로 사용되던 건물을 이용했다. 옛날부터 배우와 작가 등 저명인이 애용하던 가게이기도 하며 프레드릭 황태자도 좋아하는 가게라고 한다.

벽과 창문, 기둥 등 가게 곳곳에서 아름다운 디자인이 엿보이는 아르누보 양식의 건물. 높은 천장에서부터 아름답게 내려와 있는 루이스 폴센의 조명. 방대한 와인이 잠들어 있는 저장고에서부터 이벤트 및 미팅용 방까지 천천히 둘러보자.

DAY 3

1919년부터 약 10년 정도 시간을 들여 개축한 점포. 당시 덴마크를 대표하는 두 명의 건축가가 참여하여 철로 뒤덮여 있던 전신국이 아르누보 양식의 우아한 공간으로 탈바꿈했다. 또한, 건물 내부에는 2010년 오픈한 '카페같이 가볍게 와인을 즐기는 장소'를 지향하는 와인바가 있다. 상시 20종 이상의 글라스 와인을 갖추고 있으며 800병 이상의 소장 와인 중에서 고르는 것도 가능하다.

shop info
Map ▶ P.97

케어엔 소머펠트
Kjær & Sommerfeldt

- Gammel Mønt 4
- +45 7015 6500
- 월~목 10:00-18:00 금 10:00-20:00 토 11:00-16:00
  와인바 월~목 10:00-18:00 금 10:00-20:00 토 11:00-16:00
- http://www.kogs.dk/

3 Days in Copenhagen | 8

16:00

유서 깊은 백화점에서 북유럽풍 선물 찾기

소요 시간 1시간~

1868년에 창업한 덴마크에서 가장 오래된 백화점 마가신. 코펜하겐에 있는 본점은 1870년에 개점한 이래 패션 및 라이프스타일 트렌드를 이끌어왔다. 오랜 역사를 자랑하는 백화점답게 건물 자체는 클래식한 분위기를 풍기지만 취급하는 상품들은 최신 디자인 제품부터 가격에 부담 없는 잡화까지 고루 갖추고 있어 선물을 사기에도 안성맞춤이다.

백화점 상층부에 있는 카페는 편안한 분위기로 쉬어가기 좋다. 지하의 푸드 코트도 부담 없이 들르기 좋으며 메이어스 베거리(P.51)의 빵과 에스테이트 커피(P.32)를 맛볼 수 있다.

마가신 뒤 노르
Magasin du Nord

1894년에 파리의 루브르 박물관의 이미지를 본 따 보수적 외관만으로도 충분히 가볼 만한 가치가 있다. 1895년에는 북유럽에서 처음으로 엘리베이터를 도입하는 등 항상 최첨단 유행을 이끄는 코펜하겐의 랜드마크적 존재이다. 지하철 콘겐스 뉘토르 역에서 직결되어 있어 매우 편리하다.

shop info
Map ▶ P.97

📍 Kongens Nytorv 13
📞 +45 33 11 44 33
🕐 매일 10:00-20:00
　(계절에 따라 변동)
🌐 http://www.magasin.dk

키친&리빙 층에는 왕년의 명작에서 최첨단 상품이 두루 모여 있어 북유럽 디자인의 쇼룸을 보는 듯하다. 디스플레이도 아름다워 둘러보는 것만으로도 즐거워진다.

면세 서비스는 물론 해외 여행객은 여권을 보여주면 10% 할인을 해준다는 고마운 소식. (일부 제외, 2013년 시점)

① 'HAY'나 'normann copenhagen', 'muuto' 등 지금 주목받는 인테리어 브랜드도 볼 수 있다. ② 덴마크 브랜드인 보덤과 스텔톤은 본국다운 다양한 상품을 자랑한다. ③ 북유럽 과자, 리코리스를 멋진 패키지에 담았다. ④ 덴마크를 대표하는 카이 보예슨의 원숭이. ⑤ 싼 가격이 매력적인 북유럽 잡화점 'rice'. ⑥ 1968년에 태어난 완구 홉티미스트의 복각판.

3 Days in Copenhagen

18:30

전통요리 맛보기
소요 시간 1시간 30분~

마지막 밤은 역시 덴마크 전통의 맛으로 마무리한다. 오랜 전통을 자랑하는 레스토랑에서 청어와 돼지고기 요리, 미트볼 등 덴마크 요리를 배부르게 먹어보자.

푸크
PUK

전통요리 모둠 정식과 미식으로 유명한 본홀름 섬의 요리가 이 가게의 간판 메뉴. 1539년부터 왕실의 양조장으로 사용되었던 건물을 개조한 가게 내부는 고풍스러운 분위기가 멋스럽다.

   Map ▶ P.97

- Vandkunsten 8
- +45 33 11 14 17
- 매일 11:00-22:00
- http://www.restaurantpuk.dk/

❶

❷

❸

① 아쿠아비트와 사워크림으로 버무린 청어는 흑빵과 잘 어울린다. 북유럽에서 많이 쓰이는 허브, 딜의 향이 입가에 맴돈다. ② 까망베르 치즈를 튀긴 디저트, 블랙커런트 잼을 곁들여 먹는다. ③ 덴마크식 햄버그 하케뵈프. 북유럽에서 많이 먹는 채소인 비트가 들어가 있다. 볶은 양파를 올리고 마지막으로 달걀 프라이를 올린다.

크리스마스 전후와 섣달 그믐날 이외는 매일 쉬지 않고 영업하는 듬직한 존재. 관광객과 현지인들로 항상 북적인다.

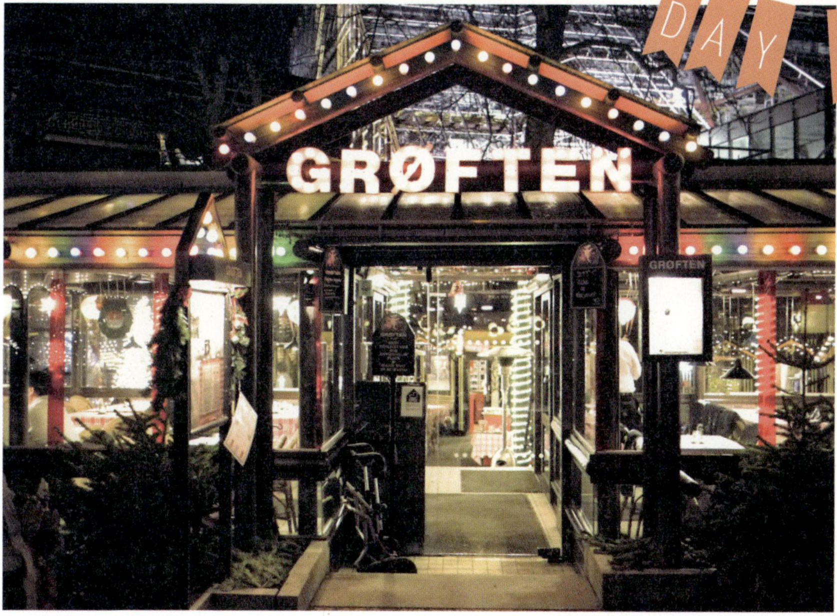

그뢰프텐
Grøften Tivoli

다음 목적지인 티볼리 공원 안에 있는 1874년에 창업한 레스토랑. 전통요리 모둠과 오픈샌드, 크리스마스 요리도 인기다. 본격적인 덴마크의 맛을 부담 없는 가격에 즐길 수 있다.

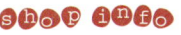

shop info Map ▶ P.97

- Vesterbrogade 3
- +45 33 75 06 75
- 12:00~23:00 (계절에 따라 변동)
- http://www.groeften.dk/

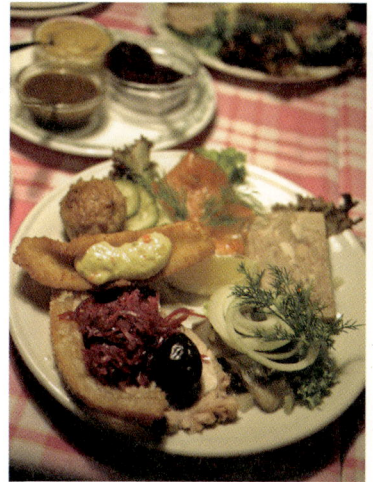

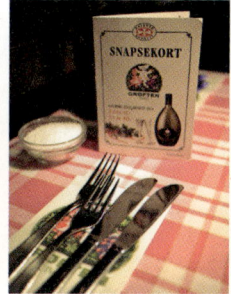

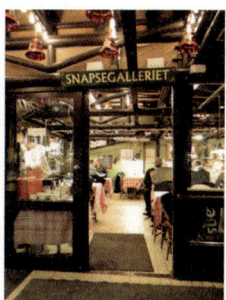

이것은 크리스마스 플레이트. 청어에 연어, 미트볼과 플래스크스타이(Flæskesteg), 로스트비프, 생선튀김 등 전통적인 맛을 조금씩 맛볼 수 있다.

카페 린데방
Cafe LINDEVANG

시간에 여유가 있다면 추천하고 싶은 곳. 중심지에서 조금 떨어져 있지만 메트로와 버스로 가기 쉽고 가게 내부 장식이나 풍기는 분위기가 매력적이다. 음식의 양도 많아 현지 단골들로 항상 북적이는 가게이다.

Map ▶ P.96

- Sløjfen 6
- +45 38 34 38 34
- 월~토 11:30-15:30 16:30-21:00
- http://www.cafelindevang.dk/

북유럽 덴마크의 전통요리

덴마크다운 전통음식이라고 하면 돼지고기 요리일 것이다. 돼지고기는 덴마크의 특산품이기도 한데 덴마크에 있는 돼지의 수는 무려 인구의 3배에 달한다고. 맛있는 돼지고기를 사용한 전통요리를 먹어보자.

플래스크스타이
Flaskesteg

돼지 뱃살을 껍질째로 오븐에 구워 만든 전통요리. 크리스마스 요리이기도 하며 적양배추, 캐러멜화된 작은 감자를 곁들여 먹는 것이 일반적.

프리카델러
Frikadeller

북유럽을 대표하는 음식으로 미트볼을 들 수 있다. 덴마크에서는 주로 돼지를 사용하며 갈색 그레이비 소스를 뿌려 감자와 함께 먹는다.

1938년에 창업한 린데방. 시간이 멈춘 듯한 고풍스러운 분위기의 내부는 스테인드글라스 창과 벽의 장식 등 구석구석이 눈길을 빼앗는 멋진 인테리어로 가득하다. 식기는 로얄 코펜하겐으로 통일. 덴마크를 대표하는 요리 플래스크스타이도 계절에 상관없이 즐길 수 있다. 인기 있는 가게이므로 가기 전에는 예약을 하고 가자.

20:00

티볼리공원에서 밤 산책

소요 시간 2시간~

코펜하겐에서 보내는 마지막 밤은 꿈의 나라 티볼리 공원에서. 세계에서 두 번째로 오래된 유원지인 티볼리는 전 세계 관광객이 모여드는 코펜하겐에서 가장 유명한 장소 중 하나이다. 현지인들에게도 특별한 장소이며 하절기와 할로윈, 크리스마스 시기에만 한정적으로 개장하므로 이를 고대하는 이들이 많다.

info
Map ▶ P.97

티볼리
Tivoli

📍 Vesterbrogade 3
📞 +45 33151001
🌐 http://www.tivoli.dk/

개관은 4~9월과 할로윈, 크리스마스 시기(12월24 · 25일은 휴관)
개관 시간은 11:00~23:00(계절과 요일에 따라 변동 있음)

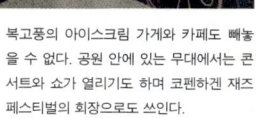

환상적인 일루미네이션을 볼 수 있는 저녁 시간대에 방문할 것을 추천한다. 크리스마스 시기에는 더욱 환상적인 분위기가 연출된다. 향수를 불러일으키는 회전목마와 범퍼카, 제트코스터 등 놀이기구도 다양하다.

복고풍의 아이스크림 가게와 카페도 빼놓을 수 없다. 공원 안에 있는 무대에서는 콘서트와 쇼가 열리기도 하며 코펜하겐 재즈 페스티벌의 회장으로도 쓰인다.

3 Days in Copenhagen | 95

덴마크를 그리는 일러스트레이터
Mads Berg 매스 베어

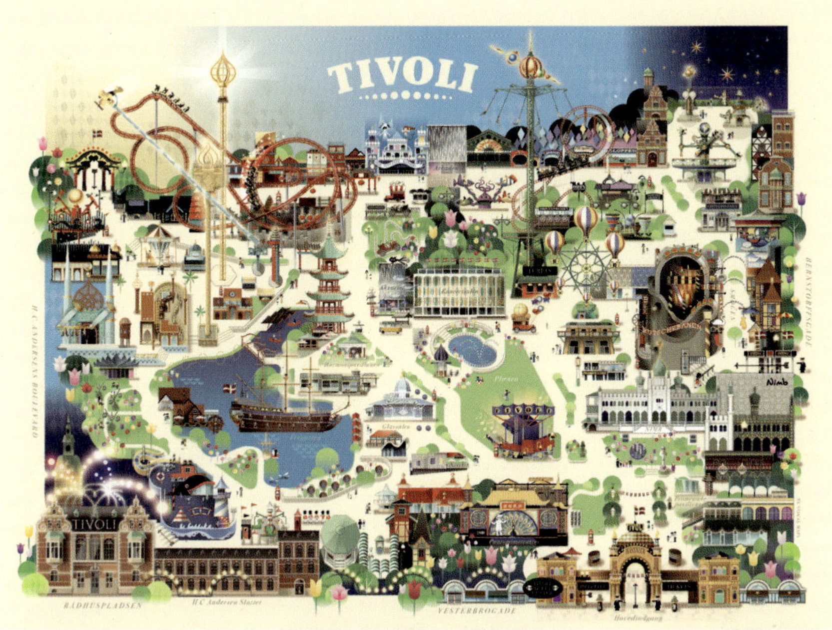

코펜하겐을 거점으로 활약하는 덴마크인 일러스트레이터 매스 베어. 오랜 역사를 자랑하는 아이스크림 가게 한센스(P.108)와 투보그 맥주 등 덴마크를 대표하는 브랜드의 일러스트를 포함 코펜하겐과 본홀름 섬의 관광포스터, 이벤트 포스터까지 폭넓게 제작하고 있다. 최근에는 티볼리 공원(P.94)의 시즌별 지도도 작성했다. 마치 전쟁 이전에 만들어진 포스터 같은 고전적인 분위기가 덴마크와 코펜하겐 거리의 분위기와 딱 맞아떨어진다.
http://www.madsberg.dk/

Column

덴마크를 더 깊게 알 수 있는 키워드 "Hygge" 와 "Janteloven"

휴게란 덴마크인이 무엇보다 소중하게 생각하는 것으로 간단히 말하면 '몸과 마음이 편안한 것'을 나타내는 말인데 덴마크인조차 이 말이 갖는 뉘앙스를 정확하게 표현하기는 좀처럼 쉽지 않다고 한다. '가족이 모두 모인 식탁'이나 '친한 친구와 커피를 마시는 시간', '소중한 사람과 보내는 크리스마스'에서 휴게를 느낀다는 덴마크인들. 최고라는 의미보다는 '모든 것이 적절하게 흘러가는 느낌'에 가까우며 덴마크인의 특성을 잘 나타내는 표현이다.

덴마크에는 얀텔로운(얀테의 법칙)이라 불리는 독특한 사고방식이 있다. 이것은 덴마크인과 노르웨이인 사이에서 태어난 소설가 악셀 산데모세가 1933년에 자신의 소설 안에서 등장시킨 가공의 마을 얀테의 법칙이며 '자신을 특별하다고 생각하지 마라', '다른 이보다 현명하다고 생각하지 마라.' 등 10가지 법칙으로 이루어져 있다. 부정적으로도 들릴 수 있는 이 법칙은 덴마크를 중심으로 북유럽 나라들에서 공감을 불러일으키며 북유럽인의 마음에 깊게 뿌리내렸다.

얀텔로운은 뒤집어 생각하면 타인을 존중하는 생각 방식이기도 하다. 자기중심적으로 생각하지 않을 것. 자신과 다른 타인에게 경의를 표할 것. 혹독한 자연환경 속에서 살아와서인지 북유럽인들은 타인과의 공생을 중요하게 생각한다. 옛날 옛적 바이킹들은 하나의 잔도 동료들과 평등하게 나눠 마셨다고 전해진다. 덴마크를 필두로 북유럽에서는 최고나 1등보다 평등과 적절함을 중요하게 생각하는 것이다.

세계에서 가장 행복한 나라라 불리는 덴마크. 그 비밀은 사실 이러한 소소한 마음가짐에 있는지도 모른다.

얀테의 법칙

1. 자신이 특별하다고 생각하지 마라
2. 다른 이보다 선량하다고 생각하지 마라
3. 다른 이보다 현명하다고 생각하지 마라
4. 자신이 뛰어날 것이라 자만하지 마라
5. 다른 이보다 많은 걸 안다고 생각하지 마라
6. 자신이 최고라고 생각하지 마라
7. 자신이 무언가에 뛰어나다고 생각하지 마라
8. 다른 이를 비웃지 마라
9. 다른 이의 상냥함을 기대하지 마라
10. 다른 이를 가르칠 수 있다고 생각하지 마라

스웨덴에 가보자

소요 시간 3시간~

코펜하겐의 이웃 나라 스웨덴의 도시 말뫼까지는 전철로 겨우 30분. 시간이 있다면 꼭 스웨덴의 분위기도 체험해 보자.

구시가지 릴라 광장 주변은 말뫼에서 제일 가는 번화가이다. 오래된 건물이 가게와 레스토랑으로 사용되고 있어 운치가 있다.

말뫼 중앙역의 키오스크. 스웨덴에는 일용품 디자인도 귀여운 것이 많아 슈퍼마켓과 키오스크를 들여다보는 것만으로도 즐겁다.

말뫼 추천 스폿

Form Design Center
포름 디자인 센터

스웨덴의 디자인 협회 '스벤스크 포름'이 운영. 19세기에 세워진 곡물 창고를 이용하여 스웨덴을 중심으로 한 현대 디자인을 전시하고 있다. 디자인 및 건축 잡지를 열람할 수 있는 카페와 디자인숍도 추천. 입장료 무료.

Map ▶P.126

- 📍 Lilla torg 9
- 🕐 화~토 11:00-17:00 일 12:00-16:00
- 🌐 http://www.formdesigncenter.com/

Lilla Kafferosteriet
릴라 카페로스테리에

맛있는 카페가 많은 말뫼 거리에서도 특히 인기 있는 가게. 스웨덴의 베스트 스페셜티 커피숍으로 선정된 적 있는 실력파로 함께 운영하는 로스터에 커피 원두를 사러 오는 사람들도 많다고. 아늑한 안뜰에서 최고의 커피를 음미해보자.

Map ▶P.126

- 📍 Baltzarsgatan 24
- 🕐 월~금 8:00-18:00 토 10:00-17:00
  일 11:00-17:00
- 🌐 http://www.lillakafferosteriet.se/

> 데이비드 홀 광장 주변은 작은 부티크와 앤티크숍, 카페가 많다.

테 오 카페후셋
Te och Kaffehuset

자신의 브랜드와 더불어 북유럽에서 주목받는 로스터에서 공수한 원두를 판매하는 셀렉트숍. 홍차와 커피 기구도 취급하며 가게 안에 앉아서 마실 수 있는 공간도 있다. 북유럽의 혼이 깃든 커피 원두를 찾는다면 이곳으로.

shop info　　Map ▶ P.126

Storgatan 24
월~금 10:00-19:00 토 10:00-16:00
teochkaffehuset.eu

프리크 이 운더요덴
Flique i Underjorden

두 명의 여성 디자이너가 1940~50년대의 스타일을 중심으로 복고풍의 양복을 만든다. 덴마크 내 에코브랜드와 빈티지 악세사리도 판매하고 있다. 조금 색다른 옷을 찾고 싶은 이들에게 추천.

shop info　　Map ▶ P.126

Davidshallstorg 6
월~금 11:00-18:00 토 11:00-16:00
http://www.fliqueiunderjorden.se/

번외편

북유럽 그래픽의 명작 코코아아이즈 만나러 가기
Map ▶ P.126

스웨덴의 초콜릿 회사 마제티를 위해 디자인된 코코아아이즈. 스웨덴을 대표하는 디자이너 올레 엑셀이 만든 눈 모양 디자인은 북유럽 그래픽의 아이콘이 되었다. 마제티의 공장 터는 현재 호텔과 문화시설로 사용되고 있으며 코코아아이즈가 거리 이곳저곳에 남아있다.

③ 코코아아이즈가 디자인된 철책은 초콜릿 가게 건물 옆으로 죽 들어간 구석에 있다.
④ 공장터 한쪽에 위치한 초콜릿 가게에서는 마제티사의 역대 패키지를 전시하고 있다.

① 초콜릿 가게에서 전시되고 있는 옛날 코코아아이즈의 캔.
② 슈퍼마켓에서 현재 판매 중인 코코아아이즈를 발견.

3 Days in Copenhagen

유일무이한 지역 크리스티아니아로

소요 시간 1시간~ Map ▶P.125

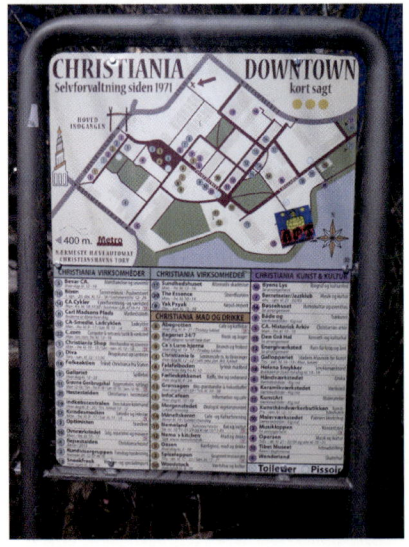

코펜하겐에 왔다면 꼭 들러야 할 곳이라 현지인들이 입을 모아 이야기하는 곳이 바로 이곳 크리스티아니아다. 1971년에 나라에서 반 독립하는 형태로 탄생한 특별자치구로 '자동차 개인소유 금지', '개는 사슬에 묶어두지 않을 것' 등 독자적인 법칙을 고수하고 있다. 어딘가 신비스러운 존재이면서도 에코하우스나 친환경 식재료를 장려하는 에코빌리지로서도 유명하며 자연과 자유를 사랑하는 덴마크인의 모습을 여과 없이 느낄 수 있는 장소이다.

누구든지 환영하자는 것이 크리스티아니아의 신조. 카페와 레스토랑, 라이브 하우스 등 다양한 가게가 있다. 식재료와 일용품 등을 판매하는 가게도 있으며 크리스티아니아 안에서만 생활하는 것도 가능하다.

memo

원래 군용 시설이 있던 장소에 1969년경부터 지역 주민과 히피들이 넓은 토지와 자연을 갈망하며 이주해 온 것이 시초. 군이나 나라와 충돌이 반복되며 때때로 존속의 위험에 처하기도 했지만, 실험적인 지역으로서 유지되고 있다.

코펜하겐 거리에서 시민의 다리가 되어주고 있는 주요 탈거리 크리스티아니아 바이크(P.71)의 발상지. 바이크의 매출은 크리스티아니아의 중요한 재원이기도 하다.

사진촬영을 금지하는 사인도. 크리스티아니아의 룰이 쓰여 있는 책자에는 다른 이의 방해가 되지 않도록 허가를 구하고 찍도록 기재되어 있다.

히피 문화의 잔향인지 크리스티아니아에서는 나라에서 금지하고 있는 마리화나가 허가되어 있다. 처음으로 방문하는 사람은 이 장소의 특수성에 적지 않게 놀라곤 한다.

환상적인 아이스크림을 맛보자

소요 시간 20분

아이스크림은 북유럽을 방문하면 꼭 먹어봐야 하는 먹거리 중 하나. 특히 낙농국가다운 맛있는 유제품을 사용한 덴마크의 아이스크림은 그야말로 꿀맛이다.

한센스 플뢰데이스
Hansens Flødeis

전통 방식으로 건강에 좋은 아이스크림을 만들고 있는 한센스. 여름에 방문한다면 직영점에서 갓 만든 아이스크림을 꼭 먹어보자. 계절에 상관없이 카페와 슈퍼마켓에서 판매하고 있다.

shop info　　Map ▶ P.124

- Frederiksborggade 29
- 433121722
- 4월~9월 12:00~20:00(6월~8월은 22:00까지)
- http://www.hansens-is.dk/

번외편

티볼리 공원(P.94)안에 있는 아이스크림 가게. 여름에는 역 앞과 광장에 아이스크림 스탠드가 생긴다.

memo
북유럽인은 아이스크림을 정말 좋아해서 계절에 상관없이 일 년 내내 즐긴다. 각종 베리 맛과 리코리스 맛 등 북유럽다운 맛도 많이 있다.

3 Days in Copenhagen | 109

여름의 북유럽
재즈 페스티벌 참가하기

무료로 들을 수 있는 회장도 있어 여행 도중이라도 가볍게 재즈를 들을 수 있다!

재즈스피릿이 살아 숨 쉬는 코펜하겐에서 매해 여름에 개최되는 '코펜하겐 재즈 페스티벌'. 이제는 세계에서 손꼽는 재즈페스티벌이 되었으며 이 시기에 코펜하겐의 거리를 걷다 보면 뉴하운과 티볼리 등 발길 닿는 곳마다 아름다운 재즈 연주가 울려 퍼진다.

Copenhagen Jazz Festival

코펜하겐 재즈 페스티벌

매년 7월 초순에 약 10일간 개최되는 유럽 최대 규모 재즈페스티벌. 정식으로 시작된 것은 1979년이지만 실제로는 1964년부터 티볼리 공원에서 매년 개최되었다. 지금까지 카운트 베이시와 마일스 데이비스, 디지 가레스피, 레이 찰스, 키스 쟈렛 등 시대를 대표하는 뮤지션들이 무대를 빛냈다.

http://jazz.dk/

Column

코펜하겐과 JAZZ

전쟁 이전 재즈 명곡 중에 코펜하겐이라는 곡이 있다. 재즈 여명기 때부터 활약한 밴드 리더 찰리 데이비스가 작곡했으며 1942년에 녹음되었다. 재즈의 스탠더드가 되어 루이암스트롱과 시드니 베세, 아티쇼 등 거장들도 많이 연주했다.

사실 코펜하겐과 재즈는 밀접한 관계가 있다. 미국의 재즈 뮤지션들은 전쟁 이전부터 북유럽을 노래하는 것을 즐겼으며 루이 암스트롱은 1933년에 코펜하겐에서 그에게 있어 아마도 처음이었을 라이브 녹음을 남겼다. 색소폰 연주자인 덱스터 고든은 수십 년 정도 코펜하겐에서 살며 '어 데이 인 코펜하겐'이라는 앨범을 발매하기도 했다.

코펜하겐을 사랑한 뮤지션에는 앞서 말한 덱스터 고든 외에 오스카 피터슨 트리오로 이름을 떨친 드러머 에드 티그펜과 듀크 엘링턴 악단에서 활약한 색소폰 연주자 벤 웹스터 등을 들 수 있다. 그들은 나중에 코펜하겐에서 연주하며 코펜하겐의 재즈 부흥에 크게 공헌하였다.

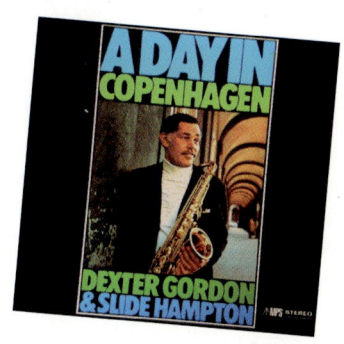

북유럽의 크리스마스 체험하기

크리스마스는 북유럽의 거리가 너욱 아름다워지며 북적이는 계절. 쇼윈도에는 일루미네이션이 빛나고 레스토랑에서는 크리스마스 특별요리를 내놓는다. 크리스마스가 가까워지면 거리에는 파티를 즐기거나 쇼핑 중인 사람들로 넘쳐난다. 평소에는 조용한 북유럽인들이 너도나도 들떠있는 모습은 이 시기에만 볼 수 있는 특별함이다.

① 길마다 색다른 일루미네이션을 보는 것도 즐겁다. ② 별 모양 조명은 북유럽 크리스마스에서 빼놓을 수 없는 장식. ③ 코펜하겐 중앙역에도 커다란 크리스마스트리가 세워진다.

번외편

① 덴마크에서 특별한 날에 먹는 전통 과자인 링 모양 크란세카케와 북유럽 크리스마스에 빠질 수 없는 돼지를 주재료로 한 마지팬이 카페 창가 너머에 장식되어 있다. ② 동그란 모양의 과자는 에블레스키버라고 하는데 크리스마스 시즌에만 맛볼 수 있다.

TRY IT!

③ 오렌지껍질 등을 사용한 크리스마스 데니쉬들. ④ 맥주 회사들은 크리스마스 한정 맥주를 판매한다. 미켈라(P.66)에서는 크리스마스 한정 맥주에 산타 모자를 씌운다. ⑤ 대표적인 크리스마스 디저트인 리살라만데 맛이 나는 맥주!

memo

12월이 되면 다양한 장소에서 크리스마스 마켓이 열리며 수제 오너먼트와 식재료 등을 판매한다. 코펜하겐에서 유명한 마켓으로는 티볼리공원과 뉴하운, 프레데릭스베르시 청사 앞 마켓이 있다.

3 Days in Copenhagen

Column

집에서 보내는 크리스마스

북유럽에서는 크리스마스이브부터 크리스마스 다음날까지 3일간은 가족과 함께 보내는 날. 가게와 레스토랑은 모두 문을 닫고 거리에서 인기척을 찾을 수 없다. 가족과 함께 느긋하게 보내는 그들만의 크리스마스를 살짝 엿보자.

① 하트는 덴마크의 크리스마스를 대표하는 문양. ② 덴마크에서는 크리스마스트리에 진짜 양초를 장식하고 불꽃놀이를 하기도 한다. 참고로 12월 31일에도 불꽃놀이로 신년을 맞이하는 풍습이 있는데 성대하게 하다 보니 가끔 화재가 일어나기도 한다.
③ 크리스마스이브에는 텔레비전에서 디즈니 만화를 보는 것이 덴마크 풍습. 디즈니 영화의 명장면이 끊임없이 방영된다.

① 북유럽 안에서도 나라에 따라 조금씩 다른 크리스마스 디너. 덴마크에서는 푸룬으로 속을 채운 오리 구이를 주로 먹는다.
② 캐러멜화한 작고 달콤한 감자를 함께 곁들여 먹는다.

③ 식후에는 잘게 부순 아몬드를 섞은 쌀죽 리살라만데에 체리 소스를 뿌려 먹는다. 커다란 아몬드를 딱 한 알만 넣어서 당첨된 사람은 선물을 받는다.

3 Days in Copenhagen

공항에서 찾은 북유럽 시간

여행에서 돌아오기 전에 공항에서 마지막으로 북유럽을 즐겨보자. 카스트루프 공항에는 북유럽 브랜드의 매장과 생활용품을 판매하는 슈퍼마켓, 그리고 카페, 바 등이 가득해서 출발 전까지 북유럽을 느낄 수 있다.

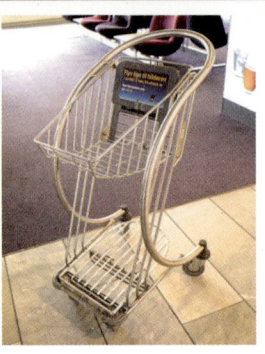

나무를 풍부하게 사용한 북유럽다운 플로어가 인상적이다. 작고 사용하기 편한 카트는 르 클린트의 디자이너 폴 크리스찬센이 디자인한 것.

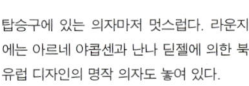

탑승구에 있는 의자마저 멋스럽다. 라운지에는 아르네 야콥센과 난나 딧젤에 의한 북유럽 디자인의 명작 의자도 놓여 있다.

번외편

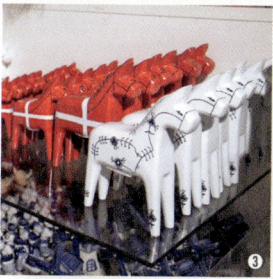

Breakfast
Morning Grab Bag
Lunchbag
The Danish Box
Danish Pastries
Muffins & Cakes
Sandwiches
Hot dishes
Coffee & Tea
Hot Chocolate
Cold Drinks & Beer

① 제품의 메인 컬러인 그린으로 인테리어한 카르스버그의 바. 팬톤의 조명이 줄지어 늘어져 있는 모습은 장관! ② 루이스 폴센 조명의 압도적인 존재감. ③ 스웨덴의 민예품인 목각 말 도 덴마크의 국기와 로열 코펜하겐 무늬로 디자인. ④ 맛있는 덴마크 버터는 슈퍼마켓에서도 구매할 수 있다. ⑤ 마이보이슨의 목제 완구는 디자인숍에서 흔히 볼 수 있다. ⑥ 빵을 좋아한다면 베이커리 라우케에후세트(P.75)에서 데니쉬를.

3 Days in Copenhagen | 117

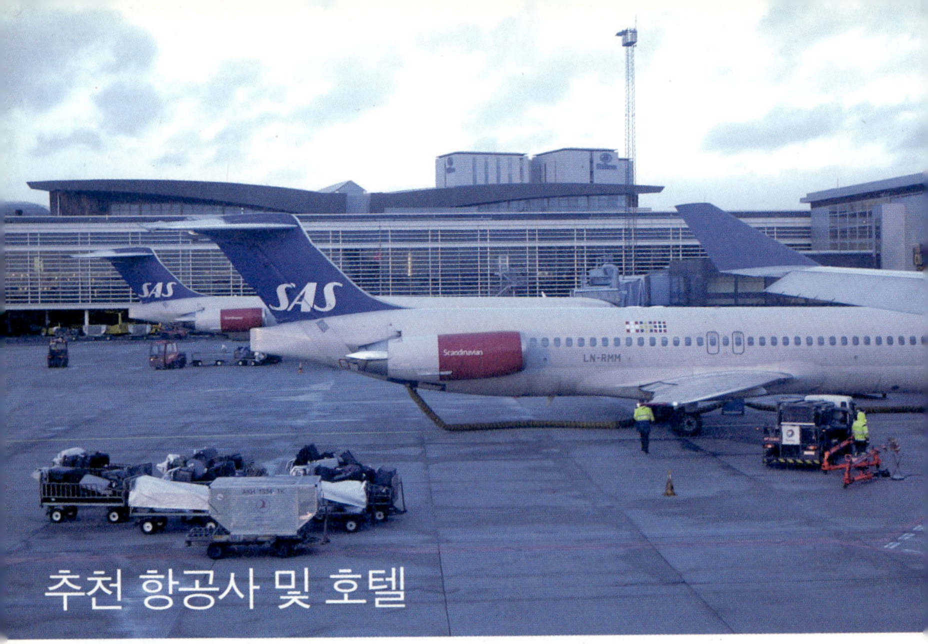

추천 항공사 및 호텔

스칸디나비아 항공

Scandinavian Airlines

코펜하겐으로 가는 가장 빠른 방법은 핀에어를 이용하는 것이지만 상해에서 느긋하게 환승을 할 수 있으며 스타 얼라이언스 제휴 항공사로서 여러 가지 혜택을 받을 수 있는 스칸디나비아 항공을 이용하는 것 또한 추천한다. 덴마크, 스웨덴, 노르웨이가 함께 운영하는 세계에서 보기 드문 공동항공으로 기내식이나 일용품 등 세세한 디자인도 북유럽다운 높은 수준을 자랑한다.
한층 더 쾌적한 비행을 즐길 수 있다.

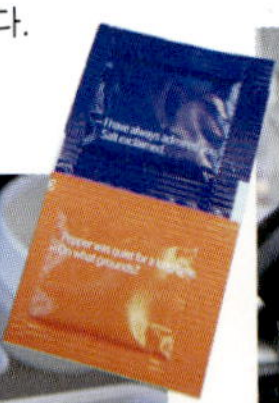

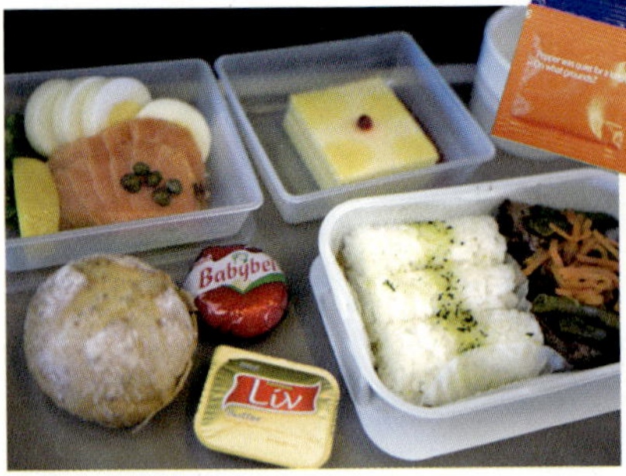

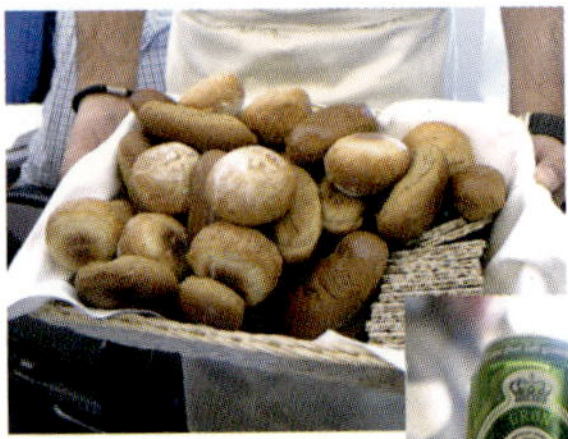

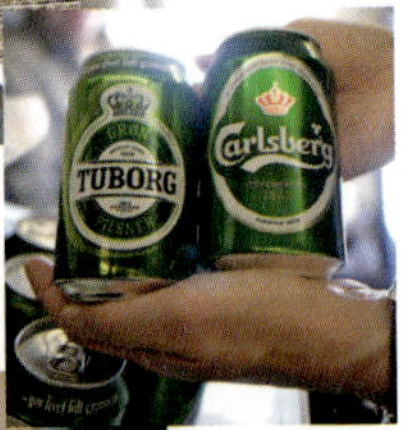

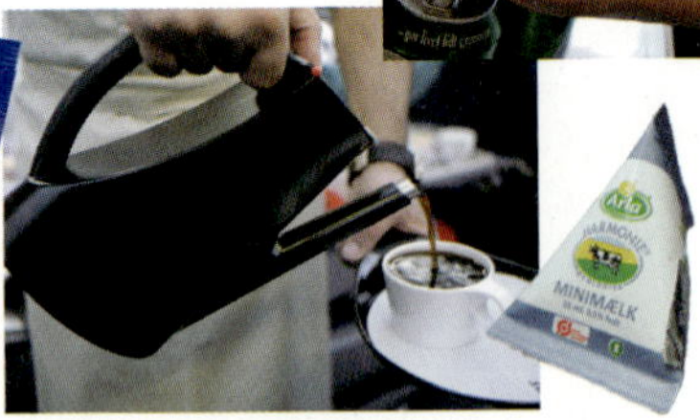

식사 시 빵이 따뜻하게 데워져서 나오는데 이는 스칸디나비아 항공에서만 맛볼 수 있는 서비스다. 스웨덴의 디자인 회사가 디자인한 커피포트는 장시간 사용해도 손에 무리가 가지 않도록 인체공학에 기초한 디자인. 기내식에는 연어와 사슴고기 등 북유럽다운 맛이 등장하기도 한다. 물론 맥주도 북유럽 브랜드다.

번외편

짬은 체류 기간을 알차게 즐기기 위해서는 호텔 선택이 중요하다. 레스토랑과 가게가 많고 중앙역까지 접근성이 좋은 편리한 베스테르브로 지역의 호텔 두 곳을 추천한다.

엑슬 호텔 굴드슈메덴
Axel Hotel Guldsmeden

중앙역 뒤쪽에 위치한 편리한 입지. 친환경 제품을 90% 이상 사용하고 있는 경우에만 부여하는 골드마크와 친환경 인증 그린글로브도 획득. 적절하게 고급스러운 분위기와 친절한 서비스가 매력.

shop info
- Helgolandsgade 11
- +45 33 31 32 66
- http://www.hotelguldsmeden.dk/

Map ▶ P.69

사보이 호텔
SAVOY HOTEL

번화가 베스타브로 거리를 마주 보고 있으며 주변에는 레스토랑과 가게들이 즐비하다. 중앙역에서 도보로 수분밖에 걸리지 않는 좋은 입지이지만 가격은 저렴해 인기가 많다. 1906년에 지어진 건물 곳곳에서 그 역사와 북유럽다움을 느낄 수 있다. 친환경 인증 마크인 그린키를 취득했다.

shop info
- Vesterbrogade 34
- +45 33 26 75 00
- http://savoyhotel.dk/

Map ▶ P.68

코펜하겐 현지인 추천 스폿

코펜하겐의 바리스타와 요식업자, 일러스트레이터 등 현지인들이 추천하는 장소를 소개한다.

엔스 뇌르고르
Jens Nørgaard
EUROPA1989 오너

아트를 좋아한다면 히르슈스프룽 미술관을 추천한다. 1911년에 개관한 미술관이다. 코펜하겐 국립미술관과 뉘 칼스버그 글립토테크 미술관, 현대 미술관인 니콜라이 아트홀도 좋다. 로센보르 성의 정원은 코펜하겐 시민들의 휴식의 장으로 조각 등 예술도 함께 즐길 수 있다. 왕립도서관 안뜰에서 아름다운 크리스티안스보르 성을 보는 것도 좋을 것 같다. 구세주교회도 훌륭한 건물이다.
근대 건축물이라면 운하를 따라 서있는 왕립시어터하우스(P.27), 코펜하겐다운 장소로는 티볼리(P.94)와 크리스티아니아(P.106)도 빼놓을 수 없다.

식사는 noma에서 일했었던 매트 올랜드가 오픈한 Amass를 추천. 가볍게 들를 수 있는 Kødbyens Fiskebar나 Kadeau, 맨프레즈(P.39)도 좋다. 오픈샌드는 오만스(P.83)와 슬롯켈데렌(P.83)을 좋아한다.

매스 베어
Mads Berg
일러스트레이터

크리스티아니아는 꼭 가봤으면 한다. 바와 가게가 많다. 식사는 Bastionen + Løven을 추천한다. 다이닝바 Paté Paté도 좋다. 조금 색다른 장소라면 Sporvejen. 트럼 차량을 점포로 쓰고 있어 싸면서 맛있는 햄버거가 간판 메뉴다. 전통적인 바라면 Galathea Kroen. 에스닉한 분위기지만 덴마크의 전통음식을 맛볼 수 있고 재즈도 들을 수 있는 유니크한 장소다. Lidkoeb는 베스타블로에 있는 바인데 내가 즐겨가는 장소이다.

추천 가게 리스트

미켈러
Mikkeller

오너&스탭

베스트 커피
커피 컬렉티브(P.51)

베스트 카페
café Det Vide Hus
이곳의 수제 아이스바는 정말 최고다.
스무디와 주스, 커피를 진저쿠키와 함께
먹는 것도 추천. 길을 걷다 한숨 쉬고
싶다면 망설이지 말고 이곳으로!

베스트 레스토랑(고급)
Mielcke&Hurtigkari

베스트 레스토랑(캐주얼)
Hu Hao 또는 Magasasa

베스트 칵테일
The Barking DOG

히르슈스프룽 미술관
Stockholmsgade 20 http://hirschsprung.dk/

코펜하겐 국립미술관
Sølvgade 48-50 http://smk.dk/

뉘 칼스버그 글립토테크 미술관
Dantes Plads 7 http://glyptoteket.dk/

니콜라이 아트홀
Nikolaj Plads 10 http://nikolajkunsthal.dk/

로센보르 성 정원
Øster Voldgade 4A http://ses.dk/

크리스티안스보르 성
Christiansborg Slotsplads http://christiansborg.dk/

구세주교회
Sankt Annæ Gade 29 http://www.vorfrelserskirke.dk/

Amass Restaurant
Refshalevej 153 http://www.amassrestaurant.com/

Kødbyens Fiskebar
Flæsketorvet 100 http://fiskebaren.dk/

Kadeau København
Wildersgade 10 http://www.kadeau.dk/

Bastionen + Løven
Christianshavns Voldgade 50 http://www.bastionenloven.dk/

Paté Paté
Slagterboderne 1 http://patepate.dk/

Sporvejen
Gråbrødretorv 17 http://www.sporvejen.dk/

Galathea Kroen
Rådhusstræde 9 http://www.galatheakro.dk/

Lidkoeb
Vesterbrogade 72B http://lidkoeb.dk/

café Det Vide Hus
Gothersgade 113 http://www.facebook.com/detvidehus

Mielcke&Hurtigkarl
Frederiksberg Runddel 1 http://www.mhcph.dk/

Fu Hao Restaurant
Colbjørnsensgade 15 http://fuhao.dk/

Magasasa
Istedgade 4 http://www.magasasa.dk/

The Barking Dog
Sankt Hans Gade 19 http://thebarkingdog.dk/

클라우스 톰센
Klaus Thomsen

2006년 바리스타 세계 챔피언
Coffee Collective 오너

레레(P.38)에서는 최고의 맛을 합리적인 가격으로 즐길 수 있다. 4접시 코스는 특히 가성비가 좋다. 레레의 동생격인 맨프레즈에서는 꼭 타르타르 스테이크와 채소요리, 내추럴 와인을 마셔보라. Mielcke&Hurtigkarl은 코펜하겐에서 최고의 레스토랑 중 하나다. 아직도 미슐랭이 이들을 포착하지 못한 게 신기할 정도. 본홀름 섬에 뿌리를 둔 레스토랑 Kadeau도 추천한다. 미슐랭에서도 별을 획득한 'Geranium'은 코펜하겐에서 손꼽히는 세련된 공간으로 요리도 와인도 최고다.

컬렉티브가 있는 예어스보겔 거리(P.48)에는 개성 있는 가게들이 많이 있어 쇼핑이 즐겁다. 와인을 좋아한다면 Ved Stranden 10으로 가볼 것. 훌륭한 와인을 갖추고 있으며 바도 있다. 맥주라면 역시 미켈러(P.66). 맛있는 걸 좋아한다면 토르브할렌(P.62)은 빼놓을 수 없다.

스즈키 야스오
鈴木 康夫

Fuglen Tokyo 바리스타
(전 코펜하겐의 카페
Boutique Lize 스탭)

빈티지를 좋아한다면 이스테드게이드(Istedgade)거리에 있는 Funky Junky를 추천한다. B&W Loppemaked라는 프리마켓은 코펜하겐에 살던 시절 자주 이용하던 곳. 격주 주말에 열린다.
좋아하는 지역은 엔그헤이브(Enghave). 일하던 곳인데, 현지 느낌이 강하면서도 여전히 젊은 아티스트들이 많이 찾는 곳이어서 재미있다. 그리고 역시 크리스티아니아. 독자적인 문화와 자유분방한 분위기, 음악과 아트, 그리고 자연이 살아 숨 쉬는 최고의 공간이다.

카페라면 조금 특별하게 Retro나 The Living Room, Enghave Kaffe도 좋다.

오만스
Aamanns
스탭

스트로이에도 조금 옆길로 빠지면 작은 디자이너 숍이 많이 있다. 쇼핑센터인 Fisketorvet나 Fields는 S-tog나 메트로역과도 가까워 쇼핑을 좋아한다면 추천하고 싶다.

코펜하겐에 왔다면 역시 크리스티아니아에 가봐야 한다. 놀라운 일들이 벌어지고는 하지만 여행객이라도 안전하게 지낼 수 있는 장소. 하지만 사진은 찍으면 안 된다. 편히 쉬거나 현지의 분위기를 느끼기에는 최고의 장소다.

식사는 물론 오만스(P.82)! 그리고 코포코(P.41)계열의 가게를 추천. 푸드 마켓 토르브할렌, 런치는 Schønnemann의 오픈샌드도 맛있다. 블랙다이아몬드(P.31) 안에 있는 레스토랑 søren K, 매드클루벤(P.40)도 즐겨 찾는 곳. rebel, Geranium, Geist, Radio, 그리고 noma 등 코펜하겐에는 세계 최고 수준의 레스토랑이 많이 있으니 여유가 있다면 꼭 가보기를 권한다.

추천 가게 리스트

Geranium
Per Henrik Lings Allé   http://geranium.dk/

Ved Stranden 10
ved Stranden 10   http://www.vedstranden10.dk/

FUNKY JUNKY
Istedgade 84b   http://www.funkyjunky.dk/

B&W Loppemarked
Refshalevej 163
http://www.facebook.com/pages/BW-LOPPEMARKED/171235476283625

Café Retro
Knabrostræde 26   http://cafe-retro.dk/

The Living Room
Larsbjørnsstræde 17   http://trendliving.dk/

Enghave Kaffe
Enghave Plads 3   http://www.enghavekaffe.dk/

Fisketorvet Shopping Center
Fisketorvets   http://fisketorvet.dk/

field's
Arne Jacobsens Allé 2   http://www.fields.dk/

cofoco 계열점
                                 http://cofoco.dk/da/restaurant/

Restaurant Schønnemann
Hauser Plads 16   http://restaurantschonnemann.dk/

søren K
Søren Kierkegaards Plads 1   http://www.soerenk.dk/

rebel
Store Kongensgade 52 http://www.restaurantrebel.dk/

Geist
Kongens Nytorv 8   http://restaurantgeist.dk/

Radio
Julius Thomsens Gade 12 http://restaurantradio.dk/

noma
Strandgade 93   http://noma.dk

3 Days in Copenhagen

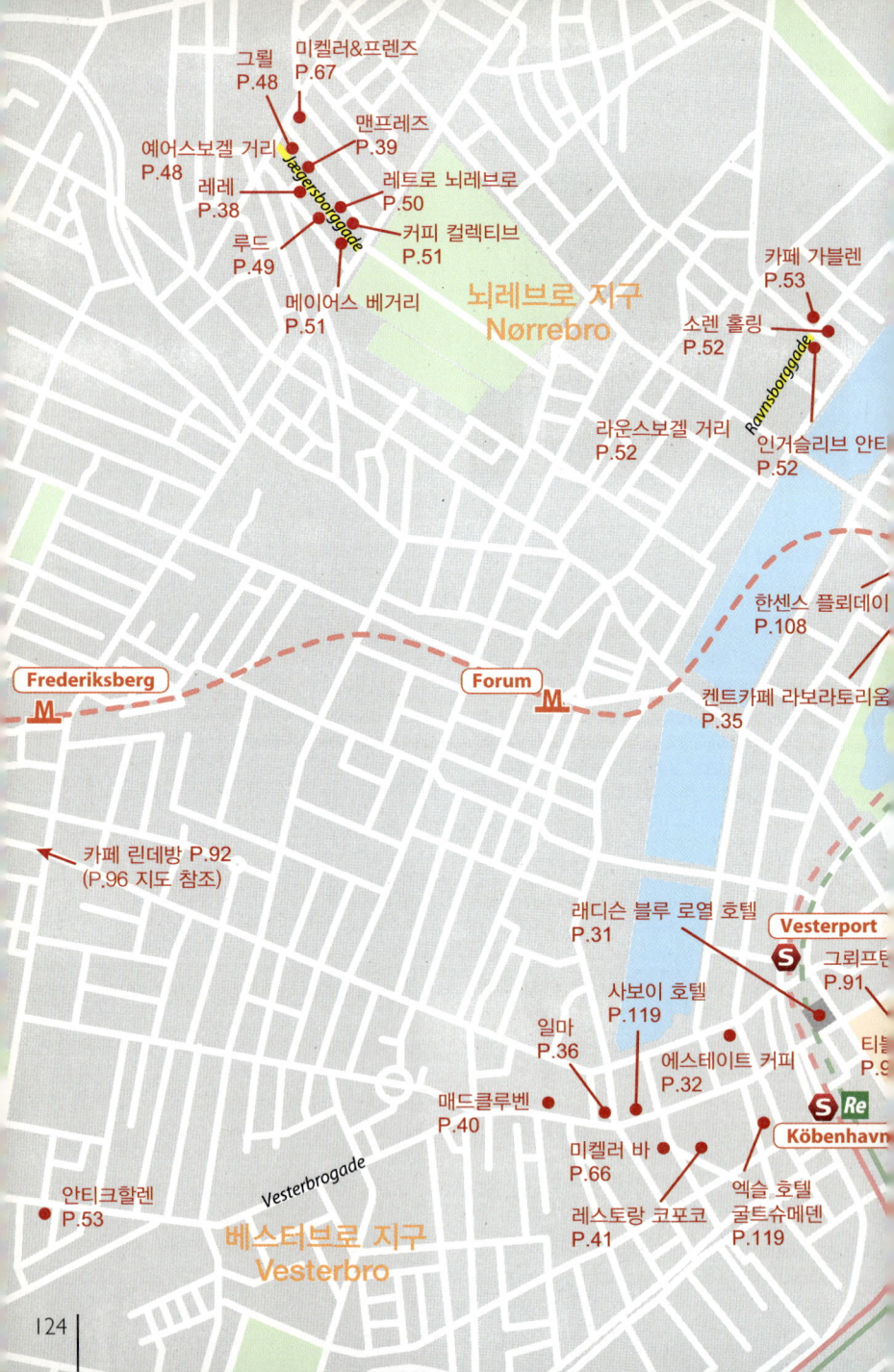

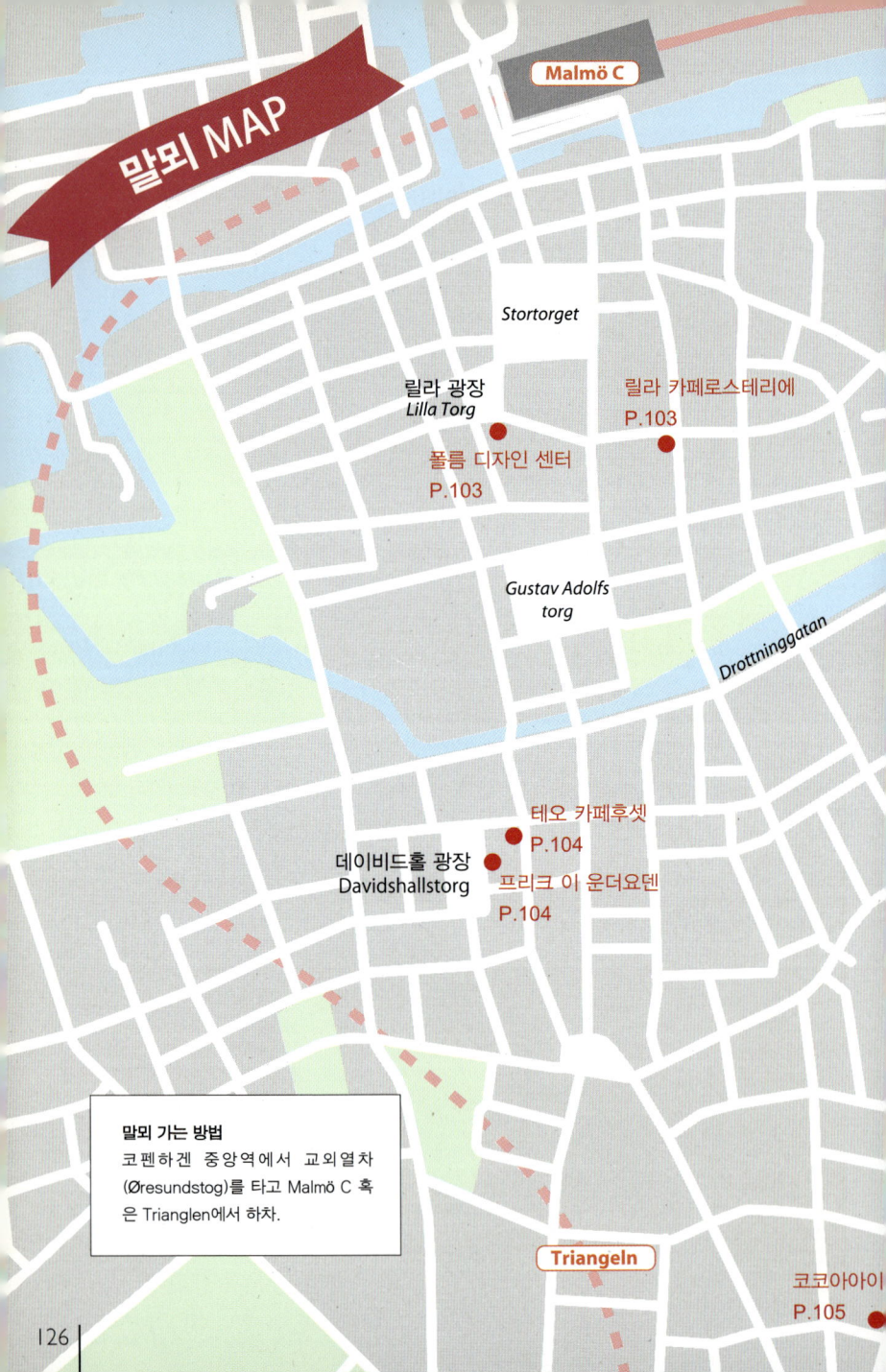

참고문헌

『소비세 25%로 세계에서 가장 행복한 덴마크의 생활』
켄지 스테판 스즈키 지음
(KADOKAWA ISS Communications)

『CD익스프레스 덴마크어』요코야마 타미지 지음
(HAKUSUISHA)

『라라치타 북유럽』(JTB Publishing)
『ELLE DECO 2009년 10월호 당신이 모르는 북유럽
(덴마크) 디자인』(아세트부인화보사)

『Christiania Guide』 by Christianite

http://denmark.dk/
http://www.visitcopenhagen.com/

에필로그

'북유럽에 대해 알고 싶어요.'
'북유럽 디자인은 왜 멋진가요?'
'북유럽이 궁금합니다. 어떤 나라가 좋은가요?'
최근 이런 질문을 받는 일이 많아졌습니다. 북유럽이 일부 사람들의 특별한 존재에서 보다 친근한 존재가 되었기 때문일까요?

이러한 커다란 질문에 답하는 것은 솔직히 어렵지만 카피라이터 직업병인지 간결하게 대답하고 싶다고 생각할 때도 있습니다. '3데이즈'는 홍보성 제목이긴 하지만, 3일이라는 제약을 걸어 되도록 간결하고 알기 쉽게 북유럽의 좋은 점을 전달해야겠다. 그것이 이 책의 출발점이었습니다.

먹는 것. 커피. 빈티지. 디자인과 건축. 사람. 조금 편향되었나 생각하면서도 이것만은 꼭 알리고 싶다 생각한 북유럽의 요소들을 담아 보았습니다.

마지막으로 이 책을 만드는 데 있어 도움을 주신 덴마크의 친구들, 책에 기재된 가게의 모든 분, 기대 이상으로 알찬 내용이 된 '코펜하겐 현지인들이 직접 추천!'에 협력해주신 모든 분!
그리고 이 기획에 흥미를 갖고 응원해준 출판사의 여러분들,
너무 빡빡하기만 했던 내용을 보기 좋게 정리해 준 디자이너 남편에게
이 기회를 빌려 감사의 말씀 드립니다.

'그래서 북유럽의 어디가 좋은 거에요?'
다시 질문을 받는다면 먼저 이 책을 보여줄 생각입니다.

모리 유리코

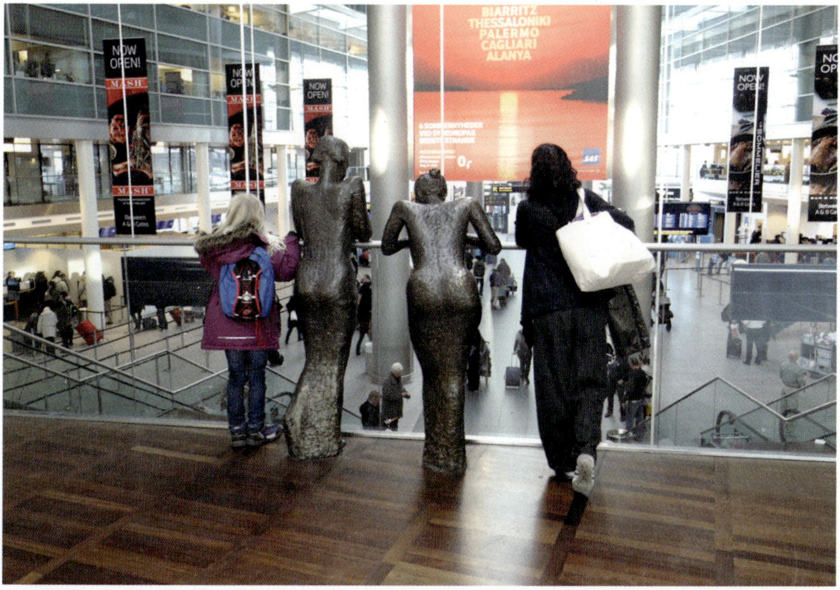

Original Japanese title: Mikka de mawaru hokuo in copenhagen

ⓒ 2013 by Yuriko Mori
Original Japanese edition published by Space Shower Networks Inc.
Korean translation rights arranged with Space Shower Networks Inc.
Through The English Agency (Japan) Ltd. and Eric Yang Agency, Inc.

Special Thanks,
Tusind tak til   Jens Nørgaard   Björg Brend   Klaus Thomsen   Mads Berg
                 Kirsten Hansen   Henrik Hansen   Pernille Pang
                 Mikkeller   Aamanns   Yasuo Suzuki

3데이즈 in 코펜하겐

초판 1쇄 2015년 8월 28일

지은이 모리 유리코

발행인 양원석
사업단장 김경만
본부장 김재현
편집장 고현진
책임편집 강제능
번역 조은주
해외저작권 황지현, 지소연
제작 문태일
영업마케팅 정상희, 우지연, 김민수, 장현기, 이영인, 정미진, 이선미

펴낸 곳 (주)알에이치코리아
주소 서울시 금천구 가산디지털2로 53 한라시그마밸리 20층
편집 문의 02-6443-8930 **구입 문의** 02-6443-8838
홈페이지 http://rhk.co.kr
등록 2004년 1월 15일 제 2-3726호

ⓒ 2015 알에이치코리아

ISBN 978-89-255-5709-0(13980)

※ 이 책은 (주)알에이치코리아가 저작권자와의 계약에 따라 발행한 것이므로
  본사의 서면 동의 없이는 어떠한 형태나 수단으로도 이 책의 내용을 이용하지 못합니다.
※ 잘못된 책은 구입하신 서점에서 바꾸어 드립니다.
※ 책값은 뒤표지에 있습니다.

조금은 천천히,
마음으로부터 보내는 엽서.

• 특별한 오늘을 기록하는, 스냅스 엽서팩 (10매) •

소중한 이에게 전해주고 싶은 10장의 사진,
낯선 곳에서의 기록을 스냅스와 함께 하세요.

RHK · snaps

스냅스 엽서팩 10장
무료 제작 쿠폰

쿠폰 번호 : AC5B14E1 - 7174 - 11BD

(7,900원 상당)

※ 스냅스 회원가입 후 사용 가능

무료쿠폰

특별한 여행의 기억, 스냅스와 함께하세요.

01 여행 포토북

여행지에서의 추억과 설레임을
책으로 만들어 간직하세요!

02 사진인화

스냅스만의 고급 사진인화로 그때의
감동을 더 생생하게 전해드려요!

03 캘린더

365일 함께 할 나의 소울메이트,
달력에 나의 추억을 담아보세요!

04 핸드폰 케이스

언제 어디서나 함께하는
세상에 하나뿐인 나만의 케이스!

스냅스 모바일 앱과 웹사이트 (www.snaps.kr) 에서 더 많은 상품을 만나보실 수 있습니다.

무료쿠폰

쿠폰 적용 상품
스냅스 엽서팩 (10장) / 모바일 전용 상품

유효기간 : ~2016년 2월 29일 까지
사용방법 : 본 쿠폰은 스냅스 모바일앱 에서만 사용 가능합니다.
로그인 후 쿠폰을 등록하면 사용 가능 합니다.
등록된 쿠폰은 마이스냅스 〉 쿠폰관리에서 확인 가능합니다.
쿠폰은 1인 1매 사용가능하며, 중복 사용은 불가 합니다.